U0088261

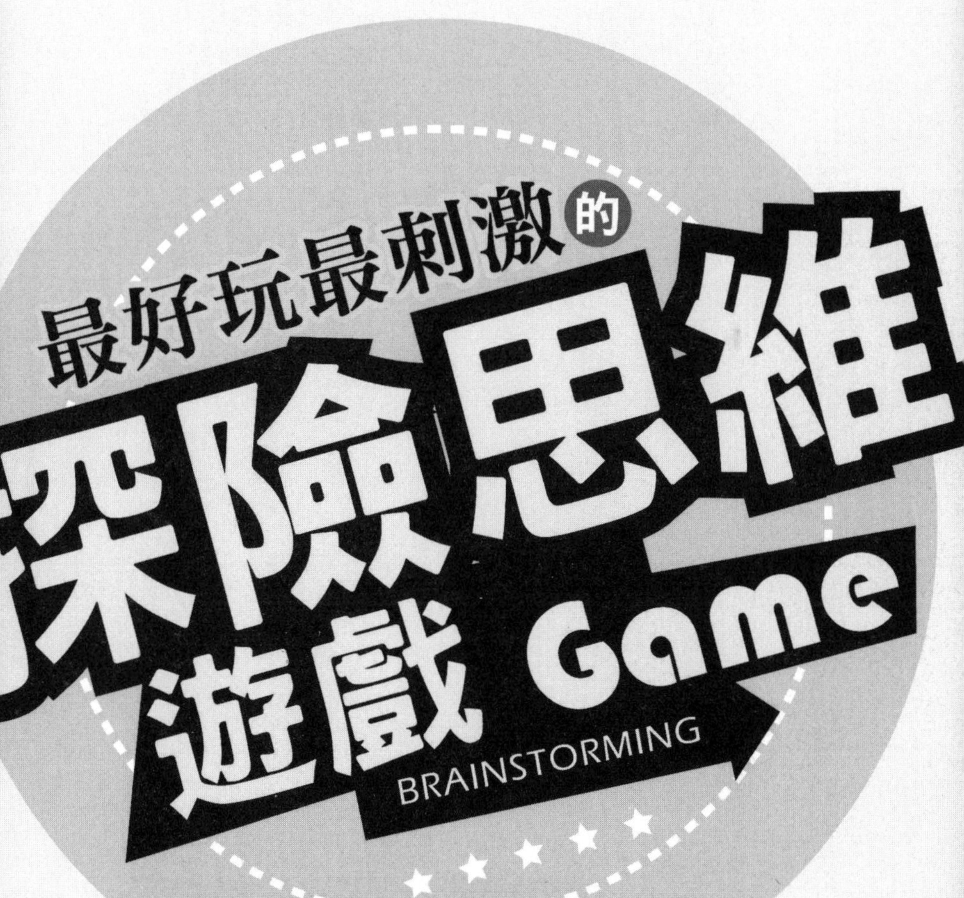

最好玩最刺激的
探險思維
遊戲 Game
BRAINSTORMING

輕鬆生活館：36

最好玩最刺激的探險思維遊戲

編著：吳湘樺
出版者：大拓文化事業有限公司
責任編輯：李明綺
美術編輯：姚恩涵

總經銷：永續圖書有限公司
劃撥帳號：18669219
地址：22103 新北市汐止區大同路三段一九十四號九樓之一
TEL （○二）八六四七—三六六三
FAX （○二）八六四七—三六六○
E-mail yungjiuh@ms45.hinet.net
網址 www.foreverbooks.com.tw

CVS代理：美璟文化有限公司
TEL （○二）二七二三—九九六八
FAX （○二）二七二三—九六六八

法律顧問：方圓法律事務所 涂成樞律師

出版日◇二○一七年五月

國家圖書館出版品預行編目資料

最好玩最刺激的探險思維遊戲 / 吳湘樺編著.
-- 初版. -- 新北市 : 大拓文化, 民106.05
面 ;　公分. -- (輕鬆生活館 ; 36)
ISBN 978-986-411-051-3(平裝)
1.益智遊戲
997　　106003758

前　言

探險並不是一項必須的活動，但是它反映了人類要征服大自然的強烈願望，反映了人類生存的價值。探險思維遊戲同樣是富有智慧和挑戰性的，是一種輕鬆有趣的訓練思維、提高智力的方式。透過思維遊戲訓練思維能力是值得鼓勵的事情，解開一個思維謎題會讓人非常有成就感——而且這種感覺是很容易上癮的。

從福爾摩斯到工藤新一，從波洛先生、馬普爾小姐到金田一耕助——所有人都會感慨：為什麼現實生活中沒有像他們那樣的冒險經歷？如果現實生活中出現這些具有超常思維能力的人，可以想像，他們走到哪裡都會卓爾不群——他們辦事更高效，行動更果敢，更容易獲得成功和勝利。

愛因斯坦曾說過這樣一句話：「想像力比知識更重要。」他所說的想像力，就是人類的思維能力。思維能力是指採用科學的思維方法，對事物進行觀察、比較、分析、綜合、抽象、概括、判斷、推理，進而準確而有條理地表達自己思考過程的能力。它是學習所有學科的

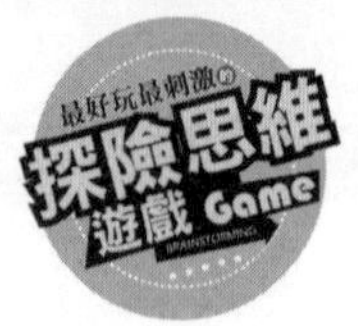

基礎，是每個人都必須具備的基本能力，不但決定著思考能力、學習能力、管理能力、表達能力，還與我們日常生活中的行事、說話、交往等密切相關，對我們理清思路、完善語言表達能力、統籌時間、規劃人生等都有很大幫助。

本書精心搜集了各個類型的探險思維遊戲，這些探險思維遊戲形式多樣，趣味無窮，難易結合，寓教於樂。解答這些思維謎題，讓讀者在享受樂趣的同時，全面提升觀察力、分析力、注意力、判斷力、想像力、創造力、記憶力、反應力、邏輯思維、抽象思維、變通與組合等各方面的能力，充分挖掘左右腦的潛能，使大家在做遊戲的過程中，不知不覺積累探險思維能力。

本書中的每個遊戲都極具代表性和獨創性，能讓你快速掌握提高思維能力的有效方法，讓你在遊戲中獲得智慧，在思維中收穫快樂。本書不需要你有任何專業的知識，它考驗的並不是數學或者邏輯學的技巧。你只需要開動腦筋就可以了！

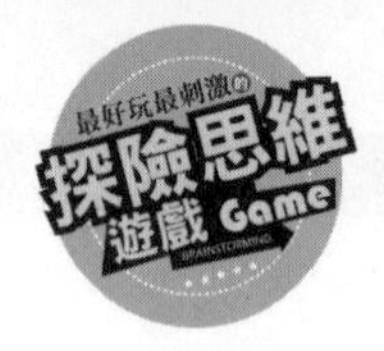
最好玩最刺激的
探險思維
遊戲 Game

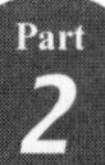

Part 2 都市探險：社會叵測 069

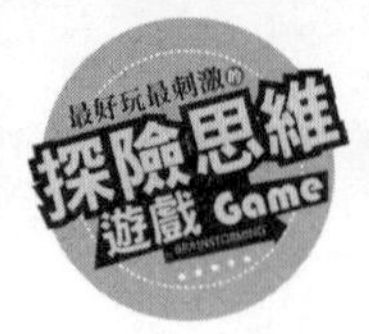
最好玩最刺激的
探險思維
遊戲 Game

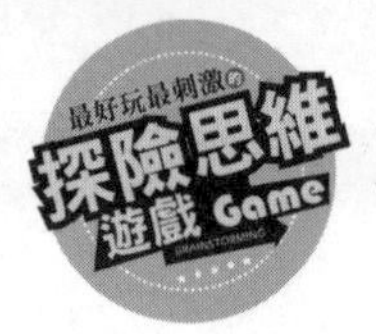
最好玩最刺激的
探險思維
遊戲 Game

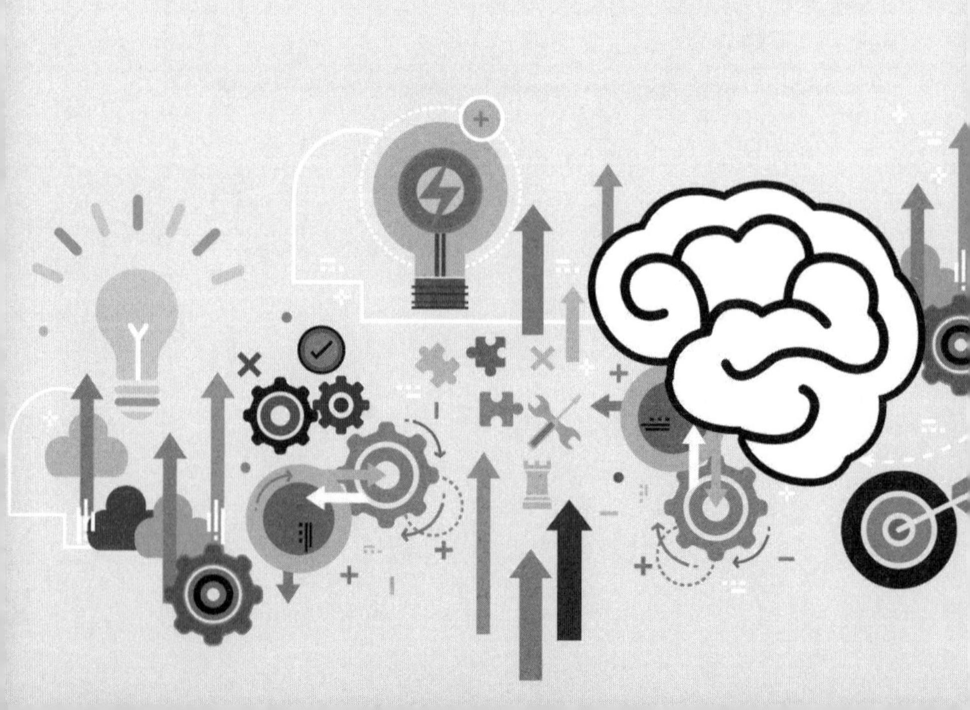

Part 1 野外探險：生存本能

多少年以後，當安娜在回憶起她的第一次野外探險經歷時，嘴角仍會上揚起優美的弧線。沒錯，那是一次令安娜終生難忘的歷險，更是一次啟迪思維的心靈之旅。而所有故事都源於一串神祕的電話號碼……

01 神祕的電話號碼

一天傍晚，安娜正在書房讀書，一張便箋突然從書中滑落，她撿起便箋看了看，一時間竟不敢相信自己的眼睛，因為她看到便箋上竟是爺爺那蒼勁有力的筆跡。

安娜的爺爺是位著名的探險家，受他的影響，安娜從小就對探險充滿嚮往，在安娜的記憶裡，爺爺的行蹤總是飄忽不定，已經很久沒見到他了。每當安娜思念爺爺時，她就會走進爺爺的書房，翻翻那些探險的書，好像爺爺就在身邊一樣。

這時，安娜開始仔細閱讀便箋上面的文字：

親愛的安娜

如果妳看到了這些文字，證明妳和我一樣熱愛探險。那麼妳想去經歷一次真正的探險嗎？爺爺可以向妳保證，這次經歷會比書本上描述的任何探險都要精采，還等什麼呢，快打電話聯繫爺爺吧。

我的電話號碼都是四位數的，只是最近我搬家了，電話號碼也換了，幸好這個號碼很好記，而現在的電話號碼正好是原來號碼的4倍，而且原來的號碼從後面倒著寫也正好是現在的號碼。

安娜，我等妳的電話！

爺爺

讀完便箋上的文字，安娜的心快速跳著。

「原來爺爺早就邀請我去參加他的探險活動了，而電話號碼是爺爺對我的小考驗，我當然不能辜負他的期望。」她一邊這樣想著，一邊進行推算，沒一會兒她就猜出了電話號碼，然後迫不及待地去打電話了。

安娜能找到爺爺嗎？你猜的到這串電話號碼是多少嗎？

多餘的登山鞋

安娜透過電話順利地聯繫到了爺爺，她按照爺爺的指引，背著探險包幾經波折終於抵達了探險隊的營地。

「安娜，妳來得正好，明天我們就打算出發了，目標就是聳立在眼前的這座山峰。」爺爺為她介紹著。安娜抬頭望了望，只見此山高聳入雲，一眼望不到頂，令人望而生畏。她緊鎖眉頭，突然想到了一個問題。

「爺爺，為了此次探險我特地買了一雙登山鞋，但因為來得匆忙沒有試穿，到了這裡才發現鞋子有點緊，不利登山。所以我只好換上了另一雙舊登山鞋。你看這山路崎嶇，我實在不想帶我的新登山鞋上、下山。但是如果我不帶著新鞋，它很可能會被其他登山者拿走。你說我該怎麼做呢？」

爺爺略做思考便想到了一個辦法，安娜聽完後眉頭頓時舒展開。

你知道爺爺的辦法是什麼嗎？

03 滑到山頂

第二天清晨，安娜伴著鳥兒的歡鳴醒來，這是她在野外的帳篷裡度過的第一個早晨，她發現探險隊的隊員們已經收拾行裝，準備出發了。據爺爺介紹，這是一支綜合探險隊，裡面既有專業的探險家，也有各行各業的資深探險愛好者。

探險隊的隊長是曾帶隊去聖母峰攀頂的羅隊長，因長年的野外生活，他曬出了一身黝黑的皮膚，再加上180公分的個子，站在人群中格外顯眼。

吃過早飯，探險隊正式向高山前進。由於安娜年紀最小，她走在隊伍的最後面，這時羅隊長似乎有意放慢了腳步，緊緊跟在安娜身後。安娜知道，羅隊長是擔心她脫隊，於是加快了腳步。

轉眼日上三竿，太陽毒辣地炙烤著大地，山區的氣候又悶又熱，安娜突然腳下一滑，眼看就要摔倒，這時一隻手穩穩地扶住了她傾倒的身體。

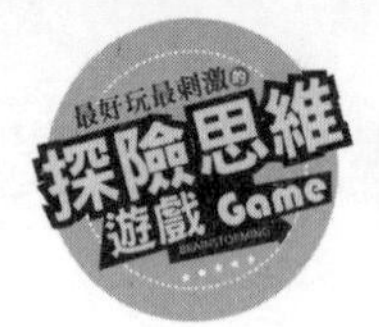

「啊，謝謝羅隊長，如果不是你我就摔下去了。」安娜心有餘悸的說。

「安娜，登山一定要集中精神啊，否則後果不堪設想。」羅隊長說，他看了看安娜內疚的神情，又說：「不過，我曾經遇到過一個人，他在考察一座大山時，也是腳下一滑跌倒了，他滑倒的時候距離山頂還有30多公尺，但他滑倒後卻處於山頂了。妳說怪不怪？」

「那有什麼奇怪的，一定是他的同伴幫助他了。」安娜說。

「那個人沒有攀登剩餘的路程，也沒有被同伴拉到山頂。」羅隊長說得斬釘截鐵。

安娜陷入沉思，你知道羅隊長說的那個人是怎麼滑到山頂的嗎？

04 老人指路

經歷了剛才的驚險，安娜告訴自己要更加謹慎小心，萬里長征才剛剛開始。但這時探險隊卻停下了腳步，羅隊長也感到奇怪，匆忙走到前面查看。原來，這條山路前方出現了一個岔路，大家都不知道該往左還是往右走。

羅隊長看見一位老人在路邊的石頭後面休息，於是上前問路。但是老人並沒有說話，只是抬起頭看著他，羅隊長又問了一遍，老人把頭縮到石頭後面，然後又抬起頭看著他。

「老爺爺，我們羅隊長問您話呢，您知不知道也回答一聲啊！」安娜按捺不住的跟老人理論。

「安娜，老人家已經指出了正確方向給我們了，我們應該謝謝他呢。」羅隊長說著便跟老人道謝，然後帶領探險隊繼續趕路。

羅隊長選擇的路的確是正確的，你知道老人告訴羅隊長的是哪一條路嗎？

奪命的山澗

安娜漸漸適應了快節奏的登山步伐。「咻咻……」安娜忽然聽到一個奇怪的聲音，她循著聲音往旁邊的草叢找，竟看到一隻雪白的兔子。

安娜最喜歡小動物了，此時她情不自禁地朝兔子追去，沒多久就跟著兔子跑到了隊伍最前面，爺爺看到安娜追兔子，大喊著「小心危險」也緊隨著她追過來。這時只聽「啊」的一聲慘叫，所有人都嚇了一大跳。這聲音正是安娜發出來的。等爺爺和探險隊追到時才明白發生了什麼。

原來安娜只顧盯著前面的白兔，絲毫沒注意山路的變化。而兔子被追得急了，似乎也沒意識到前面有危險。在路的盡頭是個山澗，下面就是萬丈深淵。奔跑的兔子就這樣直直地墜入了山澗，一命嗚呼。這把安娜嚇得大叫。

羅隊長走過來，仔細觀察了這個山澗，它大約有4公

尺寬，山澗上沒有橋。他注意到路邊的草叢裡有兩個木板，於是用隨身帶的卷尺進行測量，一個木板3.9公尺，另一個3.1公尺。兩個木板都太短了，無法搭起一座橋。這下子連羅隊長也沒了主意。

安娜剛從驚嚇中緩緩回神來，突然靈機一動想出了一個辦法，按照她的辦法，探險隊順利地渡過了山澗。

你知道安娜的辦法是什麼嗎？

06 野炊分工

等探險隊所有人都安全渡過山澗後，羅隊長才鬆了一口氣。精神放鬆後，他感到又餓又渴。一看錶，居然都兩點多了，於是羅隊長下令就地休息，準備野炊。

安娜自從剛才追兔子差點釀成大錯之後，一直老老實實地跟在隊伍後面。這時她向羅隊長走來，打定了主意要將功補過。

「羅隊長，我想幫忙做飯給大家吃。」安娜說。

羅隊長微笑著看了看她，略做思考，便說道：「也好。那就這樣吧，妳和大劉、小田和小張一起做飯。我幫你們分配工作。一個人燒水，一個人洗菜，一個人淘米，一個人挑水。

現在知道，大劉不挑水也不淘米，小田不洗菜也不挑水，如果大劉不洗菜，那麼妳就不挑水，小張既不挑水也不淘米。妳現在知道你們都應該做什麼了嗎？知道了就快去通知大家，各就各位吧。」

安娜聽完，沒多久就猜出了自己的工作，然後高高興興地為大家做飯去了。你猜出來了嗎？

07 尋找水源

安娜在野外尋找水源時，突然想起爺爺曾經教導自己，對於野外環境中的水源，首先應當觀察其污染情況，

例如查看水附近是否有人畜活動、是否有動物屍體、糞便以及其他污染物。水中如有泥沙，則至少需要沉澱10分鐘。另外，野外常常會有螞蝗等吸血昆蟲，螞蝗多的地區，打水時要用敞開或透明的容器，以便及時發現水中的螞蝗。

安娜在營地附近尋找水塘或河溝等等有水的地方，這時她突然看到不遠處有兩口井，她興奮地跑了過去。臨近水井，她才發現水井旁邊立著一個牌子，上面寫道：『這兩口井裡分別裝有一種無色、無味、不能相互混合並且比重不同的液體，其中一種液體是水。』

安娜知道其中一口井裡是她需要的水，然而另一口井裡卻不知道是什麼液體，說不定可能含有劇毒。必須得想個辦法鑑別出來。

你有什麼好辦法嗎？

08 取藥丸

安娜順利找到水源，為探險隊打來飲用水，可是由於一路奔忙，回到營地後連著打了好幾個噴嚏。林爺爺關心孫女的身體，用手摸了摸安娜的額頭，斷定她感冒了，於是從醫藥箱裡取出一個藥瓶給她。這個藥瓶是用木塞密封的。

「安娜，這是感冒藥，妳快吃吧。不過，妳能在不拔出瓶塞，也不在上面穿孔的情況下，從完好的瓶子裡取出藥丸嗎？」爺爺出了一道難題給安娜。

「這也太簡單了吧，爺爺。」安娜不假思索地就把藥丸取了出來。

你知道她是怎麼做到的嗎？

09 小船過河

吃完飯，探險隊又要上路了。過了山澗，山路開闊了不少，空氣也愈加濕潤了，補充了體力的安娜正和爺爺並肩走在隊伍的最前面。這時，一條小河出現在他們的視線中。

岸邊的河水清澈見底，安娜建議大家走路過河，但爺爺堅決反對。因為他看到在不遠處隱隱出現了一艘小船，爺爺分析說如果這河不深，可以蹚水走過去，那麼為什麼還會有船經過呢？豈不多此一舉？聽完爺爺的分析，安娜也覺得有道理。說話間，那艘小船已經向他們靠過來，划船的是兩個孩子。

「孩子，我們是探險隊，怎樣才能過河呢？」羅隊長問道。

「你們可以找三個人先過河，這樣就可以搬動我家的大船回來運其他人了。」其中一個女孩回答道。

羅隊長覺得有道理，就派大劉、小田和小張三個小夥子先過河，可是三個人都不會游泳，這時另外一個男孩提出了一個建議：「我們可以先運三個人到對岸，只是我們的船太小了，一次只能搭一個人，如再加上一個人船就會沉下去。所以我們必須得有一個安全的運送方案。」

那麼，他們要怎麼做才能讓這三個人都順利到達對岸呢？

10 有多少獵物

當大劉、小田和小張抵達對岸後，他們跟著兩個孩子來到了位於河上游的山民家，孩子們說他們的爸爸上山打獵去了，還沒有回來。於是三人自己動手把山民家的大船搬了出來，然後順著河流，把探險隊其餘的人接到了對岸。

羅隊長對兩個孩子十分感激，正巧這時孩子的爸爸

從山上打獵回來。羅隊長把事情的原委告訴給他，透過聊天，羅隊長知道兩個孩子一個叫方方，一個叫圓圓，這位爸爸名叫劉大山，是土生土長的山民，對這裡的地形十分熟悉。

劉大山熱情好客，把家中最好的山果子拿出來給探險隊員吃，安娜一邊吃一邊讚不絕口。

羅隊長看到劉大山從山上背下來一個籠子，裡面裝的都是他的獵物，就問道：「大山，你今天打了多少獵物啊？」

「籠子裡有山雞和野兔，牠們的頭有35個，腳有94隻。」劉大山露出狡黠的笑容。

機智的羅隊長馬上就猜出了山雞和野兔的數量，你猜出來了嗎？

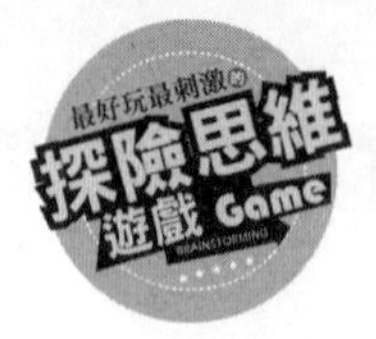

11 河裡的水草

羅隊長為了進一步瞭解山地地形，向劉大山提起了剛渡過的那條小河。沒想到這卻打開了劉大山的話匣子，使他回憶起他親眼所見的一樁慘案。

據劉大山說，這條小河在岸邊看起來清澈見底，可是河中心卻深不可測。大約三年前的一個夏日傍晚，劉大山正在河邊釣魚，忽然看見一個神色憂鬱的小夥子站在河邊，劉大山是個熱心腸，連忙走過去詢問。

小夥子說他和他的女朋友去年在這河邊散步時，他女友一不小心掉進了河裡，小夥子急忙跳到河裡去找，可是最終沒有找到，於是就傷心地離開了這裡。今天他故地重遊，愈加思念女友。這時，小夥子突然注意到劉大山釣到的魚，並隨口問他為什麼魚身上沒有沾到水草。劉大山感到奇怪，就回答說這河裡從沒長過水草。令劉大山更為驚訝的是，小夥聽完這話竟跳到河裡自殺了。劉大山把周圍的山民叫來救人，但最終也沒有把他救上

來。

聽完劉大山的述說，安娜突然感到後背發麻，內心不禁莫名地恐懼起來。爺爺拍拍孫女的肩膀說：「別怕，我認為事情應該是這樣的。」隨後爺爺說出了自己的分析。

「原來如此！」安娜感歎道。其他人聽了也覺得爺爺分析得有道理。那麼，你知道這究竟是怎麼回事嗎？

12 誰出汗多？

聽完恐怖的故事，安娜想放鬆一下緊繃的神經，她看到劉大山家養了兩隻狗，方方和圓圓正在逗狗玩，於是她也湊過去看熱鬧。兩個孩子似乎因為狗起了爭執，看到安娜，就拉著她要她評評理。

原來孩子們讓兩隻小狗賽跑，誰先跑到誰就有骨頭吃。在這過程中方方想到了一個問題，就問圓圓：是跑得快的狗出汗多，還是跑得慢的狗出汗多？

對於這個問題二人意見無法統一，都說自己有理，爭論得面紅耳赤也沒有個結果。最後，安娜給出了正確的解釋，聽完之後，方方和圓圓都點點頭，不再爭執了。你知道安娜是如何回答的嗎？

13 風吹蠟燭

天色漸晚，劉大山盛情挽留探險隊在他家過夜，羅隊長也是爽快的人，一口答應下來，安排大家在劉大山家院子裡搭起帳篷休息。

方方和圓圓早已和安娜成為了要好的朋友，晚上非要安娜和他們一起睡在屋子裡聽她說故事。安娜拗不過他們，只好說故事給他們聽。

轉眼間已到了午夜12點，安娜聽到屋外傳來動物的低叫和風吹過樹梢的聲音，可是眼前這兩個小傢伙正被

安娜講的鬼故事深深吸引，一點倦意都沒有。當故事正講到高潮時，床頭昏黃的燈光突然滅了，此情此景嚇得圓圓大叫了一聲。安娜急忙下去查看，但方方說沒事，山裡經常停電，說著就去拿了八根蠟燭，並把它們點燃。屋子裡又明亮起來。

這時窗外一陣風吹來，有三根被風吹滅了，安娜還沒反應過來，又有兩根被風吹滅了。

為了防止蠟燭再被吹滅，安娜趕緊關了窗戶，之後蠟燭就再也沒被吹滅過。你知道最後還剩下幾根蠟燭嗎？

14 枯井難題

天剛濛濛亮，安娜就被一陣狗吠聲吵醒了，原來羅隊長決定日出時分繼續趕路，安娜知道這是為了躲避白天的酷暑，這樣一來，在烈日炎炎的中午時分大家就可以休息了，也不會延誤探險進度。出發前，劉大山向羅

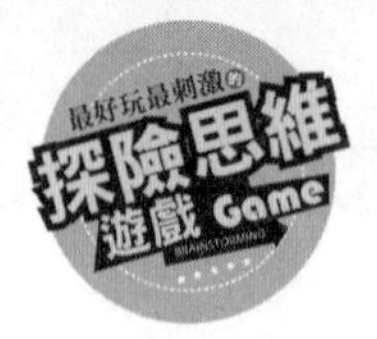

隊長詳細介紹了附近的地形，安娜與方方和圓圓依依不捨地告別。

清晨的露珠在陽光下發出閃亮的光芒，再次踏上征程的安娜對身邊的一切充滿好奇，她走在隊伍最前面。但是在走了一段路後她突然停在路邊，並激動地呼喊大家過來。

羅隊長和爺爺應聲而來，低頭一看，發現路邊草叢旁好像有一個黑洞，因為各色雜草掩蓋在上面，如果不是安娜好奇心作祟，一般人是不會注意到的，萬一不小心掉下去，後果不堪設想。

小田走上前去，清理了黑洞旁邊的雜草，這時大家才看清原來這是一口枯井。爺爺摸摸井口的邊緣，又用手電筒往井內照了照，然後對大家說：「這是口距今至少500年的井，我想，從打井時到現在它應該就沒有存過水，因為這裡的地質結構並不適合打井取水，所以這是一口枯井。」

這時，一隻青蛙從草叢裡蹦出來，可能是被探險隊的人封住了去路，嗖一聲，竟跳進了那口枯井裡。安娜好奇地走近枯井，一邊自言自語道：「可憐的青蛙，你能跳出來嗎？」

爺爺聽到哈哈笑起來，突然想起一道題來考考孫女，就對安娜說：「如果這口井有10公尺深，青蛙每跳一次，就上升3公尺，但會滑落2公尺。妳說這隻青蛙要跳幾次

才能跳出井呢？」

安娜不假思索地說出了一個答案，可是爺爺說不對。那麼你知道正確答案是什麼嗎？

15 洞中救鳥

探險隊繞開了枯井，並在枯井附近留下警示標誌。隨著探險的深入，他們已經走進了一片當地居民都很少涉足的原始森林地帶，這裡的樹木枝繁葉茂，陽光要透過密密的枝椏才能在地上灑下斑駁的光影。

最令安娜興奮的是，這裡的鳥類也品種繁多，她本來就是個鳥類愛好者，但眼前的許多鳥兒她竟然都叫不出名字。

安娜拿出照相機，邊走邊拍。各色鳥兒發出不同的鳴叫聲，安娜覺得那是世界上最美妙的音樂。

安娜突然感到有些什麼不對勁，是什麼呢？她停下來，仔細傾聽。好像有個東西在尖厲地叫著，聲音是如此淒慘。好奇心再次驅使著她，她叫了身邊的小張，往聲音的來源地走去。

「聲音來自這個深深的樹洞。」小張十分確定地跟安娜說。

安娜拿出手電筒，探著腦袋往樹洞裡照。沒錯，就是這裡。他們定睛一看，樹洞裡面趴著一隻小小的鳥，由於光線虛弱，看不出是什麼種類。但可以確定的是，現在這隻鳥被困在這裡出不去了，所以才叫得那麼悽楚。

「我們得幫幫牠。」安娜說。

「可是樹洞太窄了，手伸不進去，如果用樹枝戳的話，又怕會傷害到小鳥。」小張無奈地說。

安娜救鳥心切，她絞盡腦汁，最後想出了一個辦法，終於把小鳥安全救出樹洞。

你知道是什麼辦法嗎？

16 古老的墓碑

安娜救了樹洞中的小鳥，心裡非常高興，但她和小張因為私自離隊，還是被羅隊長和爺爺罵了一頓。安娜自知理虧，只好能老老實實地跟在隊伍後面。

這時探險隊來到一片空地，這裡的植被與別處相比十分稀少，而且連一棵樹都沒有。這引起了羅隊長和爺爺的注意。等他們再走近一看，頓時恍然大悟。因為空地的中央立著一塊墓碑，原來這裡是一座墓地。

爺爺仔細端詳這塊古老的墓碑，發現碑上刻著一種奇怪的文字，安娜上前瞧了瞧，發現那既不是漢字，也不是英文。

「這是古代一個少數民族的文字，這個民族如今已經絕跡了。沒想到在這裡能夠看到這種罕見的文字。」說話的是探險隊員陳朗，他是研究語言學的研究生，通曉27種語言。

「那你能翻譯這種文字嗎？」安娜問道。

「真是太巧了，我的導師就是研究少數民族文字的專家，我也參加了這個課程。我盡力把碑文翻譯出來。」陳朗說。以下就是陳朗的譯文：

過路人，以下是我一生的經歷：我的生命的前1/7是快樂的童年，童年結束我花了1/4的生命鑽研學問。在這之後，我結婚了，婚後5年，我有了一個兒子，感到非常幸福。可惜我的兒子在世上的光陰只有我的一半。兒子死後，我在憂傷中度過了4年，也跟著結束了我的一生。

「老來喪子，真的太可憐了。」安娜悲歎道。

「安娜，先不要為古人感歎。如果碑文翻譯得沒錯，你能算出這位逝者的年齡嗎？」爺爺問道。

安娜不禁陷入沉思。那麼你算出答案了嗎？

17 與死神擦肩而過

安娜以前總是聽爺爺說探險有多麼危險，但直到現在似乎也沒有什麼致命的事情發生，她覺得爺爺以前是在危言聳聽，嚇唬自己。可是安娜不曾想到，在他們翻譯古老碑文的時候，危險正在向他們一步步逼近。

隊伍最後面的小田最先察覺異樣，他問旁邊的小張為什麼周圍的樹葉都在沙沙作響，隨後大劉和陳朗幾乎同時聽到了叮叮噹噹的金屬碰撞聲。當羅隊長察覺出危險，命令大家撤離墓地時，已經太遲了。

隨後發生的事情，直到現在安娜依然覺得是那麼不可思議，因為她看到一群土著打扮的人將他們包圍了起來，他們每人手裡都拿著火炮，面露凶光。這時安娜終於意識到，這次探險隊凶多吉少了。

羅隊長並不想和當地土著起正面衝突，他要陳朗做翻譯，沒想到陳朗將話翻譯過來後，羅隊長還是嚇出了一身冷汗。以下為土著首領的原話：

你們擅自闖入了我們的禁地，我們的神靈不願被打擾，因此必須將你們統統處以死刑。不過按照我們的習俗你們在臨死前還可以有一個機會留下一句話，如果這句話是真的，你將被燒死，是假的，你將被五馬分屍。

「大家快想想還有什麼辦法自救。」此時，羅隊長的額頭已布滿細密的汗珠，探險隊所有人都命懸一線了。

「大家別著急，我有一個辦法。我們一定死不了。」說話的正是安娜的爺爺。爺爺緊接著說明了自己的辦法，然後由陳朗翻譯給了土著，土著果然沒有傷害探險隊一根汗毛。你知道爺爺的辦法是什麼嗎？

18 土著村莊的病狗

爺爺的辦法救了探險隊所有人的性命，但出乎大家意料的是，這些土著表面上凶蠻無比，但是一旦不觸及

他們的利益底線（如進入其禁區）就變得熱情好客。陳朗向羅隊長轉達了土著首領邀請探險隊到村莊做客的意思，土著的風土人情也著實吸引著這群探險愛好者，於是探險隊就跟隨土著來到了他們的村莊。

這是一個古老的村寨，隱祕在叢林深處。要不是有人引領，很少有人能夠發現這裡。

可是當探險隊剛到達村子，就面臨了一個難題。原來這個村的狗生了怪病，現在的當務之急就是把生了病的狗找出來。陳朗是這樣向羅隊長等人描述的：

村子中有50個土著，每人有一隻狗。在這50隻狗中有病狗（這種病不會傳染）。於是人們就要找出病狗。每個人可以觀察其他的49隻狗，以判斷牠們是否生病，只有自己的狗不能看。觀察後得到的結果不得交流，也不能通知病狗的主人。

主人一旦推算出自己家的是病狗就要槍斃自己的狗，而且每個人只能槍斃自己的狗，不能打死其他人的狗。第一天，第二天都沒有槍響，到了第三天傳來一陣槍聲。

陳朗說土著首領急切地想知道村裡有幾隻病狗，希望探險隊能幫助他們。那麼到底有幾隻病狗呢？如何推算得出？

哪裡的土著

探險隊來到土著的村寨後，對他們的風土人情感到十分好奇。這一天，爺爺和羅隊長探討這些土著的來歷。爺爺之前對世界上分布的土著情況有一定的瞭解，據他介紹：所有因紐特人都是穿黑衣服的；所有的北婆羅洲土著都是穿白衣服的；沒有既穿白衣服又穿黑衣服的人。而這裡的土著是穿白衣服的。

根據爺爺的以上說明，下列哪個判斷是對的呢？

A・這裡的土著是北婆羅洲土著。

B・這裡的土著不是因紐特人。

C・這裡的土著不是北婆羅洲土著。

D・這裡的土著是因紐特人。

E・這裡的土著既不是因紐特人，也不是北婆羅洲土著。

20 荒謬的規定

土著村寨的很多習俗都讓來自現代的探險隊員們感到匪夷所思，這天安娜聽說了一件令她無比震驚的事情，原來這個村寨到現在還奉行著一夫多妻的制度，而且就在不久前，土著首領為了讓更多的男人能有更多的妻子，竟然頒布了一條十分荒謬的規定：

一名女性生完第一個男孩後，就立即被禁止再生小孩。這樣一來，一些家庭就會有多個女孩而只有一個男孩，但是任何一家都不會有一個以上的男孩。因此不久以後土著女性人口就會大大超過男性人口了。

「我們必須告訴土著首領應立即廢止這條荒謬的規定，因為它根本就無法達到目的。」安娜憤憤地說道。

那麼，你認為這條規定可行嗎？

21 糊塗的回答

這一天，陳朗突然一臉詭異地從安娜身邊走過，安娜感到很好奇，就問他發生了什麼事，於是陳朗就向安娜敘述了他今天遇見的一件奇怪事：

中午的時候，陳朗走在路上看見一位駝背的老人和一位瘸腿的年輕人迎面走來，陳朗正無事可做，就想和二人搭訕。於是他走上前去問年輕人：「那位駝背的老年人是不是你的父親？」年輕人肯定地回答：「是的。」

陳朗又到前面去問老年人：「後面那位瘸腿的年輕人是不是你的兒子？」老年人否定地回答：「不是。」

這時陳朗有點被弄糊塗了，又一次問年輕人：「那位駝背的老年人是不是你的親生父親？」年輕人仍然肯定地回答：「是的。」

陳朗又一次走到前面去問老年人：「那位瘸腿的年輕人是不是你的親生兒子？」老年人同樣否定地回答：「不是。」

陳朗非常納悶，回頭又找到土著首領，首領說二人說的都是真話。安娜聽完便哈哈大笑，她嘲笑陳朗太笨了。

那麼你知道老年人和年輕人到底是什麼關係嗎？

22 機智救人

當安娜和陳朗在屋裡聊天的時候，突然聽到一聲尖叫，聲音青澀而淒慘，正是從隔壁土著首領家院中傳出來的。安娜不禁納悶：「這是什麼聲音？我們出去看看吧。」

身邊的陳朗畢竟年長一些，拉住安娜說道：「我們還是不要出去了，土著的風土人情我們不瞭解，千萬不能觸犯到他們，否則我們的小命就不保了。」

「哪有那麼嚴重，我們在旁邊偷偷看，不就行了嗎？」安娜哀求地望著陳朗，眼睛裡充滿期待。

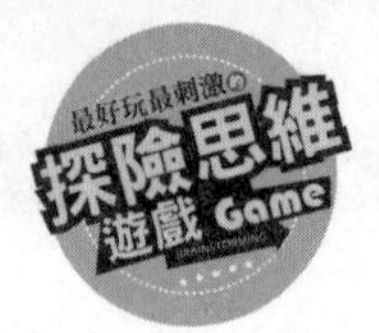

「好吧。看完我們就回來。」陳朗只好妥協。

在土著首領家的院子裡有一個水池，安娜看到水池周圍有數十個土著，有人正往水池裡倒水，還有一個人全身綁著繩索跪在水池中間，而土著首領就站在水池旁邊，嘴裡說著話。陳朗一邊聽，一邊替安娜翻譯。聽完二人幾乎同時睜大眼睛望向對方，露出難以置信的表情。

「他們要淹死那個偷了神殿供品的人？太可怕了！」安娜低聲說。

「是啊。那個人只是太餓偷吃了一點東西而已，罪不至死啊！」陳朗說，「我們得想個辦法救他。」這時，安娜腦中飛快地閃過一個主意，她小聲告訴了陳朗。

一分鐘後，陳朗走到首領身邊對他說：「首領，這個人冒犯了神靈，何不讓神靈親自來懲罰他呢？」

「那要怎麼做？」首領感到十分驚奇。

「我們把他綁在水池的柱子上，然後在水面上放許多大冰塊。讓水面的高度正好淹到此人的脖子，這樣一來，等冰塊融化了這個人也就被淹死了。如果他沒有淹死，就說明神靈原諒了他。」陳朗說完，看到首領點頭稱是，不禁鬆了一口氣。

可是安娜的主意能否成功救人呢？

23 遭遇「鬼打牆」

因為土著首領一再挽留，探險隊已經在土著的村寨停留一週了，隊員們對原始部落的生活已從好奇逐漸轉為厭倦，於是羅隊長決定帶領探險隊連夜離開這裡。

這天晚上烏雲密布，天黑得伸手不見五指。儘管如此，探險隊員們為了早點離開土著部落繼續探險，還是藉著手電筒的微弱光亮，小心翼翼地沿著山間小路緩緩前行。

這時羅隊長用手電筒照向前方道路，突然停下了腳步，對隊員們說：「根據我搜集的資料，前面是一條寬4公尺的山谷，這是離開土著村寨最近的一條路。為了早點到達安全地點，我認為可以穿過這條山谷。」他的建議得到探險隊員的一致贊同。

「咦，好奇怪啊。這裡我們似乎來過，你看這是我扔在這裡的蘋果核。」安娜大聲地說道，此時他們已經在夜間行進了兩個小時。

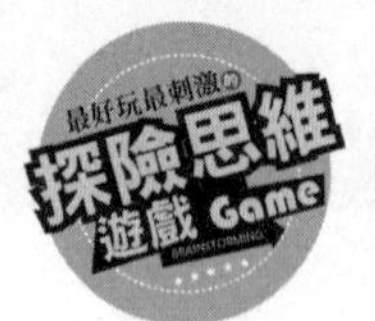

「安娜說的沒錯，我們的確來過這裡。」爺爺指了指山谷旁的石頭說。

「天啊，怎麼會回到原地了呢？難道這是傳說中的『鬼打牆』？」安娜不禁顫抖起來，她的聲音在這月黑風高的深夜裡顯得格外刺耳。

「大家別害怕，我們重新走一次，這次我們沿路做好記號，我根本不相信有什麼『鬼打牆』！」

但是這一次的結果彷彿要證實什麼似的，令大家越來越絕望，因為他們又回到了出發的地點。有人甚至說，這是土著在暗中搞鬼捉弄他們。

這時爺爺摸了摸泛白的鬍鬚，對大家說：「我知道是怎麼回事了，我們只要這樣走就不會回到原地了。」

你知道這到底是怎麼回事嗎？

24 斯芬克斯謎題

探險隊走出了所謂的「鬼打牆」後，順利到達安全地點，大家支起帳篷休息。

第二天早上安娜吃過早飯後，悄悄來到爺爺的帳篷，只見爺爺坐在地上，手中拿著放大鏡和地圖。

娜忽然發現眼前的爺爺衰老了，拿著放大鏡的手似乎微微顫抖，眼角的皺紋幾乎蔓延到了斑白的兩鬢上。這或許是因為爺爺常年出外探險，太久沒和自己見面的緣故吧。她不禁想起小時候爺爺講故事給她聽的情景。

「爺爺，你講個故事給我聽吧。」安娜說。

爺爺看見孫女到來，便放下了手中的工作，微笑著說道：「好啊。好久沒講故事給安娜聽了。今天我就講個古希臘的傳說故事給妳聽吧。」

安娜點點頭，臉上浮現出欣喜而期待的神情。

「古希臘有一個奇怪的動物叫斯芬克斯，之所以奇怪，是因為它上身長著一個女人的頭顱，底下卻是獅子

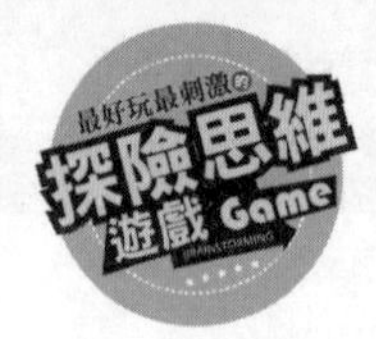

的身體。斯芬克斯常年待在底比斯城的城門口，注視著過路的人。如果誰想進入底比斯城，必須回答一個問題才能准許進入。如果行人答不出來，就會立刻被吃掉；如果行人答對了，斯芬克斯就會跳懸崖而死。最後俄狄浦斯答對了這個問題，為底比斯城的百姓除掉了一大禍害。」

「爺爺，那個問題是什麼呢？」安娜十分好奇。

「世界上有一種動物，這種動物早上四條腿，中午兩條腿，晚上三條腿，腿越多，它的力量越弱。安娜，你知道這是什麼動物嗎？」爺爺笑眯眯地望著孫女問道。

安娜摸摸腦袋，陷入了沉思。

那麼，你知道答案了嗎？

25 野熊出沒

探險隊逃出土著的村寨，經過休整後繼續探險之旅。這一天，他們走進一片叢林，由於這裡地勢比較低窪，土地潮濕而鬆軟。安娜跟在爺爺後面，從密密麻麻的灌木叢中小心地穿過。這時，突然從前方傳出一聲尖叫，讓大家都停下了腳步。

「大家不要動，在原地屏住呼吸。」這是羅隊長的聲音。

「爺爺，發生什麼事了？」安娜問道。

「不要出聲，我們遇到野熊了。」爺爺低聲說。

安娜從來沒見過野生的熊，此時好奇心戰勝了內心的恐懼，身體下意識地往前挪動。她終於看到了那隻野熊，只見牠全身毛色濃黑，身體如小山一般。

「天啊，那前爪，不，應該說熊掌太大、太厚了，打在大樹上，大樹都會搖晃的。」安娜暗自思忖著。她並沒有注意到自己已經走到了探險隊的最前面，而且為

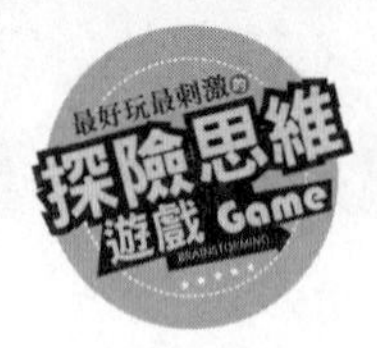

了看清野熊的樣子，她與野熊的距離越來越近，現在只有一百多公尺了。這時，野熊似乎嗅到了活人的氣息，晃動著壯碩的身體，向安娜狂奔過來。

等安娜意識到危險時已經太遲，她被野熊嚇壞了，四肢僵硬動彈不得。她感覺到有隻手猛然地把她往後拉，接著她眼前一黑，失去了知覺。

等安娜醒來時，爺爺正關切地看著她。

「安娜，妳終於醒了，野熊已經掉進陷阱裡，我們安全了。」爺爺說道。

原來，此地因為經常有野熊出沒，所以附近的獵人早就在那裡挖好了幾公尺深的陷阱，今天安娜的出現恰好成了引誘野熊上鉤的誘餌。

幾乎就在安娜暈倒的同時，野熊也掉進了陷阱中。

「爺爺，我再也不敢冒失地亂走亂撞了。」安娜檢討道。

「安娜，從前有隻熊掉進一個20公尺深的陷阱，用時2秒鐘，妳能告訴我，這隻熊是什麼顏色的嗎？」爺爺看她悶悶不樂的樣子，想到了一個關於熊的題目要考考她。

剛從昏迷中清醒過來的安娜一時間無法回答，你知道答案嗎？

26 安娜的反擊

「爺爺，熊掉進陷阱與牠的顏色有什麼關係啊？」當爺爺告訴安娜上道題目的答案時，她仍有一絲憤憤不平，但仔細想想還是有道理的。

這時她已經恢復了體力，從床上坐了起來，臉上露出狡黠的表情。

「爺爺，我也出道題目給你吧。從前還有另一隻熊掉進20公尺深的陷阱，用時2分鐘。請問這隻熊是什麼顏色的？」

「這……」爺爺沒想到安娜還可以舉一反三，這道被她改編的題目著實難住了他。那麼，你知道熊是什麼顏色的嗎？

幾條活蚯蚓？

將近中午，探險隊來到一條山間小河旁，河水清澈，水波蕩漾。

「啊！河裡有魚，我們在這裡釣魚吧。中午就可以烤魚吃了！」安娜興奮地對大家說。

「好啊，那大家分工合作吧。不過釣魚首先要找到魚餌，這裡的土壤鬆軟潮濕，應該會有蚯蚓，我們一起找找看。」羅隊長話音未落，安娜早已彎著腰去找蚯蚓了。

最後安娜共抓了5條蚯蚓，後來與大家分魚餌時她把2條蚯蚓切成了兩段，那麼當時安娜還有幾條活蚯蚓呢？

28 蚯蚓爸爸的死因

探險隊員們釣到好多魚，很快河邊就升起嫋嫋炊煙，一陣陣烤魚的香味四散飄出。安娜大口吃著烤魚，自從探險以來吃的大多是山間野菜和自帶的罐頭食品，哪有這烤魚美味。她心情大好，想起一個關於蚯蚓的笑話，便講給大家聽：

蚯蚓一家閒來無事，兒子把自己切成2段，打乒乓球去了。

媽媽覺得這方法好，把自己切成4段，打麻將去了。

他們回來後，看見奄奄一息的爸爸，牠把自己切成很多段。

蚯蚓媽媽哭著問：「你這是怎麼了？為什麼把自己切成那麼多段？」

蚯蚓爸爸用最後一口氣說出原因後，就一命嗚呼了。

你知道蚯蚓爸爸說了什麼嗎？

跑得快的螃蟹

安娜的笑話引起大家的哄堂大笑，陳朗笑得上氣不接下氣，他也想到了一個笑話，只不過這是個冷笑話：

話說從前有兩隻螃蟹賽跑，一隻是體長20公分的紅螃蟹，另一隻是體長15公分的黑螃蟹，誰會贏得比賽呢？

安娜第一個說出了答案，眾人聽完大呼：「果然是冷笑話，好冷啊！」

你猜到答案了嗎？

30 計算器壞了

這一天晚上，羅隊長來到爺爺的帳篷裡，爺爺看到羅隊長手中拿著一個計算器，這是一種探險用的迷你計算器，只有徽章大小，不占空間，攜帶方便。

「爺爺，我剛才正在測算山林中的地質資料，要用這個計算器進行計算，可是它卻壞掉了。您能看出顯示幕上是哪個數字壞了嗎？」羅隊長問道。

計算器顯示的內容如下圖：

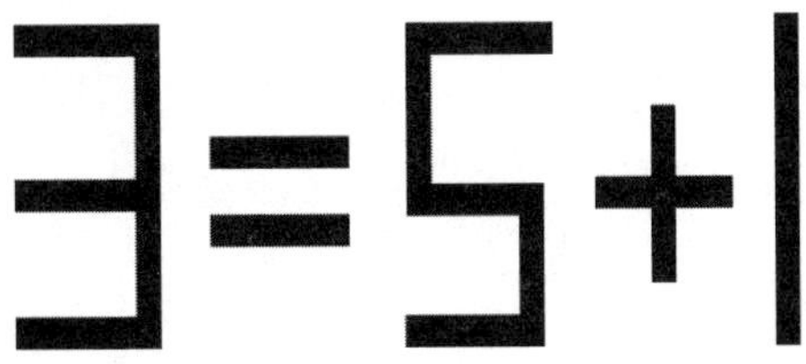

「很簡單，你這樣看，就很容易知道答案了。」爺爺告訴羅隊長。

那麼，你能判斷出是哪個數字壞了嗎？

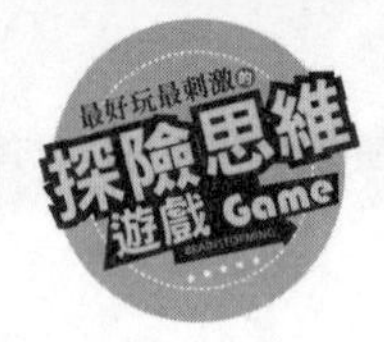

31 門上的女人臉

探險隊又在山林中行進了幾日，這一天傍晚，安娜吃過晚飯無所事事，就在營地附近的叢林中獨自玩起了探險遊戲，她看到叢林深處有一條蜿蜒的小路，最令她驚奇的是，這條小路不是尋常的泥土路，而是人工鋪成的水泥路。

大約走了100多公尺，安娜抬起頭，看到了一幅令她今生無法忘記的畫面，這幅畫面曾經出現在她年幼時的夢中，她揉揉眼睛又仔細瞧去，沒錯，這是一座古堡，只不過沒有夢中的古堡大。這座隱藏在山林中的小型古堡，連古堡的尖頂也隱沒在了無盡的綠葉中。

安娜走到古堡門口，那是一道木質的大門，上面有歲月斑駁的痕跡，除此之外，一張女人的臉格外醒目。安娜仔細打量著這道門，女人臉倒立在門上，正對著安娜微笑。

安娜感到了一絲寒意，她決定先離開這座詭異的古

堡，回去通知爺爺他們之後再行動。於是安娜用手機把那張臉照了下來，隨後回到探險隊的營地。

你能發現這張女人臉有什麼奇怪的地方嗎？

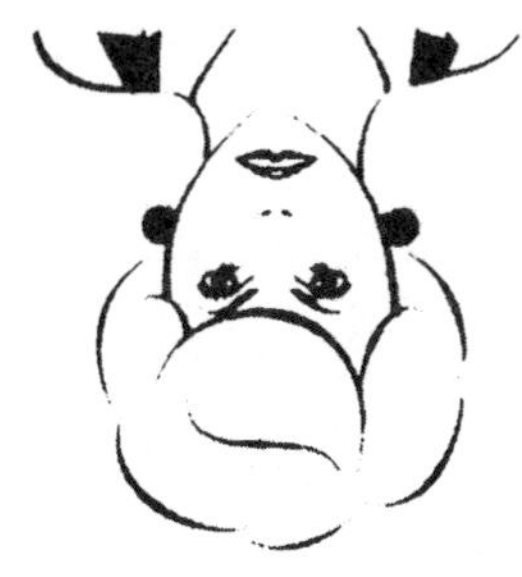

32 古堡探祕

第二天，安娜帶領探險隊來到了那座神祕的古堡。

羅隊長只輕輕推了推那道木門，門便「吱」的一聲打開了。濃重的黴味撲面而來，安娜用手帕捂住鼻子，

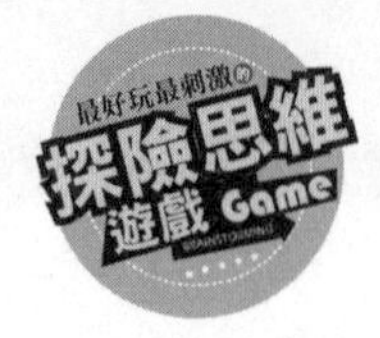

跟在羅隊長身後走進古堡。

古堡內的陳設十分古老，安娜注意到一樓最裡面的壁爐旁，似乎有一個人形的東西，她拉了拉陳朗的衣角，示意他和自己一同去查看。

走近後，二人幾乎同時大叫：「你們快來看，這是骷髏！」

不過這個骷髏還穿著衣服，羅隊長走過來，他戴著塑膠手套伸手去摸摸骷髏的衣服口袋，他摸到了一個竹簡。

探險隊員們紛紛圍過來看個究竟。只見上面刻著兩行文字。

「我知道了，這是在西元元年前後我們國家使用的一種字體，」陳朗說道，「這應該是死者的遺言。用現在的紀年法來表達就是：他在西元前10年出生，在西元10年的生日前一天死去。」

「那他去世時是幾歲呢？」安娜提出的問題也是大家都感到好奇的。

那麼，你猜到答案了嗎？

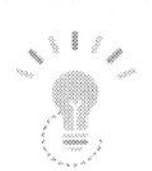

33 藏寶圖在哪？

陳朗在這個竹簡上不僅發現了死者的生前資訊，而且令探險隊激動的是，他還發現了尋找古堡藏寶圖的線索。

竹簡上的文字提示說，刻在背面的字跡指示的就是放置藏寶圖的地點。陳朗將其翻譯為現代的筆劃，字跡如下圖：

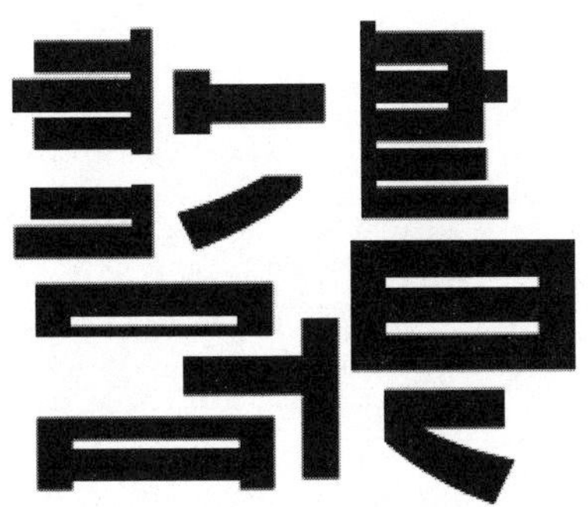

觀察此圖，你知道藏寶圖在哪嗎？

34 古老的壁畫

經過探險隊員的齊心努力，他們終於破解了複雜的藏寶圖，並根據圖示找到了地下迷宮的入口。

地下迷宮裡一片漆黑，安娜從背包中取出手電筒，在手電筒微弱光亮的照射下，她發現前方是一條窄窄的通道。這時羅隊長帶隊，正要按藏寶圖指示的方向行進。

「大家等一下，你們看這牆上有壁畫。」安娜大喊道。眾人隨即走近牆壁查看。

壁畫如下圖所示：

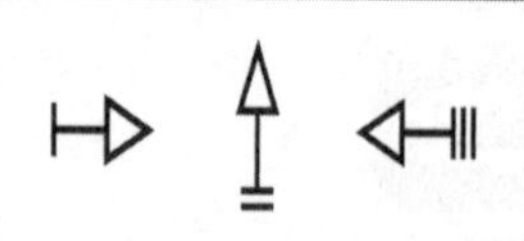

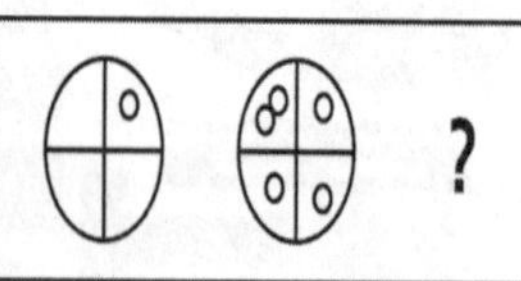

「這些壁畫顯示著一些規律，按照這種規律，右邊第三個圖案應該是什麼呢？」爺爺一邊查看壁畫，一邊自言自語。

那麼你能找到壁畫的規律，從下列選項中選出此處正確的圖案嗎？

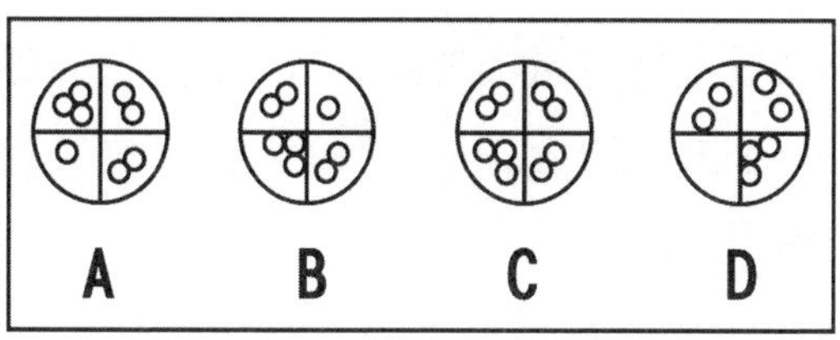

35 寶物的擁有者

看過了壁畫，探險隊員在羅隊長的帶領下，終於找到了寶物的所在地，這是一間約十平方公尺的房間，羅隊長再一次將此處與藏寶圖所標示的地點進行確認後，對大家說：「應該就是這裡了。」

只見這間屋子的正中央擺著一張八仙桌，桌子上似乎有個方形的盒子。隊員們都激動異常，到底所謂的寶物會是什麼呢？金銀財寶，還是武功祕笈？

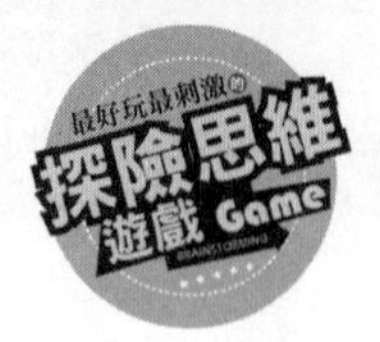

「啊，原來是一本舊書啊！」不知何時，安娜跑到了羅隊長前面，搶先打開了桌子上的盒子。

爺爺連忙把安娜拉到一邊，怕她不小心損壞了文物。然後他用放大鏡仔細地查看這本被稱為「寶物」的舊書。

沒一會兒，他的臉上就出現了頗為得意的微笑，顯然已經知道這舊書的來歷了。

在探險隊中，愛好考古的大有人在。羅隊長和陳朗也對舊書表現出極大的興趣，但一時間還沒有考察出這本書的來歷。於是，爺爺就想出道題目考考他們。

爺爺告訴了羅隊長這本書作者的姓，告訴了陳朗這本書作者的名，並且在紙上寫下了以下幾個人名，並提示說其中有這本書的作者。

紙條上的名字有：陳平、岳飛、岳雲、張飛、張良、張鵬、趙括、趙雲、趙鵬、陳友諒。

羅隊長說：「如果我不知道的話，陳朗一定也不知道。」

陳朗說：「剛才我不知道，聽羅隊長一說，我現在知道了。」

羅隊長說：「那我也知道了。」

爺爺知道二人說的都是實話，安娜卻在一旁丈二金剛——摸不著頭腦。

那麼你知道這本舊書的作者到底是誰了嗎？

36 古希臘的傳說

弄清楚了這本舊書的作者後，大家認為它極具有重要的歷史價值，最終決定由爺爺暫時保存這本舊書，等到探險結束，再將其作為文物捐獻給博物館。

隨後，大家在古堡中小心地考察了一番，在進行完拍照、取樣等一系列活動後，探險隊離開古堡回到營地休息。

「陳朗，沒想到你年紀輕輕就有這麼多的考古知識。」安娜佩服地說道。

「我在研究語言的同時，也對歷史很感興趣。安娜，我說個古希臘的傳說給妳聽吧。」陳朗說。

陳朗說的是一個古希臘的著名傳說。

話說有一個美麗的公主在河邊洗澡，當她洗完澡後發現放在岸邊的衣服被偷走了。關於這件事，受害者、旁觀者、目擊者和救助者各有說法。他們的說法如果是關於受害者的就是假的，如果是關於其他人的就是真的。

瑪麗說：「瑞利不是旁觀者。」
瑞利說：「勞爾不是目擊者。」
露西說：「瑪麗不是救助者。」
勞爾說：「瑞利不是目擊者。」
那麼，你能夠根據他們的說法判定誰是受害者嗎？

燒繩計時

這一天，在探險過程中，探險隊員大劉抓到了一隻大野兔，中午大劉想為大家展示廚藝，做一道燉野兔。當他支好野炊用的鍋子，燒好水後，卻遇到一個困難。安娜看見大劉眉頭緊鎖，連忙過去問出了什麼問題。

原來，他做這道菜是需要嚴格控制時間的，不能早起鍋，也不能拖延時間，時間恰到好處才能做出味道鮮美的兔肉。但是，他問了所有隊員，竟然沒有找到一個計時準確的錶，所以他十分擔憂。

安娜聽完暗自思忖：「糟糕，我的手錶在前幾天過河的時候進水了，計時也不夠準確。但是如果沒有能夠準確計時的東西，就吃不到美味的兔肉了。這可怎麼辦呢？」她急得在營地裡走來走去。

這時地面上一堆廢棄的麻繩映入安娜的眼簾。「哈，有了！」她回頭對大劉說：「我有辦法了。你燉野兔的時間要多久呢？」

「1小時又15分。」大劉面帶疑惑地回答說。

「我爺爺告訴過我，這樣的一根繩子從頭燒到尾總共需要1個小時。這堆繩子材質相同，粗細均勻，長短一致，那麼我們就用燒繩子的辦法計時，你現在就去燉菜吧，時間到了我會告訴你。」安娜說道。

那麼，安娜要怎樣燒繩子才能準確地計時1小時又15分呢？

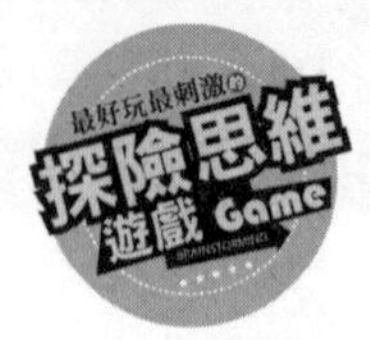

38 分蘑菇

昨天晚上下了一場大雨，今天早上雨過天晴，叢林重新煥發出活力。羅隊長決定全體隊員休息一天，安娜看到雨後漫山遍野都是新生的蘑菇，便與小田約好在營地附近採蘑菇。

由於只有一個裝蔬果的籃子，所以二人把採到的蘑菇放在一起。他們很快就採滿了一大籃子。但是在分蘑菇的時候，二人居然爭吵起來。因為他們都說自己採的蘑菇多，自己應多分一些。

這時陳朗走過來，瞭解了事情經過後，替二人出了一個好主意，既能夠把採到的蘑菇平均分配，又能夠讓每個人都滿意。

果然，按照陳朗的辦法，安娜不再感到委屈，小田對分到的蘑菇數量也很滿意。那麼，你知道陳朗是如何為二人分配蘑菇的嗎？

39 猜撲克牌

在探險隊休息的時候，安娜最愛玩的遊戲就是打撲克牌了。這一天，她與號稱「神算子」的王蒙玩起猜撲克牌的遊戲。

所謂「神算子」，不是說他能預知命運，而是說他在打牌的時候腦筋活絡，能把別人的牌猜得八九不離十。安娜打牌時總是玩不過王蒙。但今天，安娜決心玩個新花樣，看看王蒙還能不能贏她。

安娜在桌子上倒扣了8張已經編號的撲克牌，它們的位置如下圖：

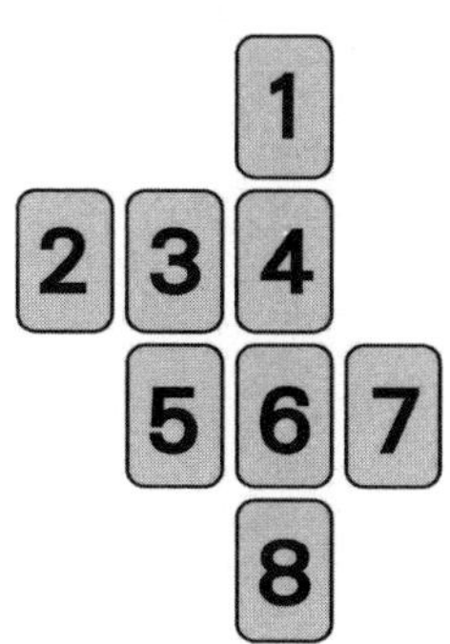

在這 8 張牌中，只有K、Q、J和A四種牌。其中至少有一張是Q，每張Q都在兩張K之間，至少有一張K在兩張J之間。

沒有一張J與Q相鄰；其中只有一張A，沒有一張K與A相鄰，但至少有一張K和另一張K相鄰。

你能找出這 8 張撲克牌中哪一張是A嗎？

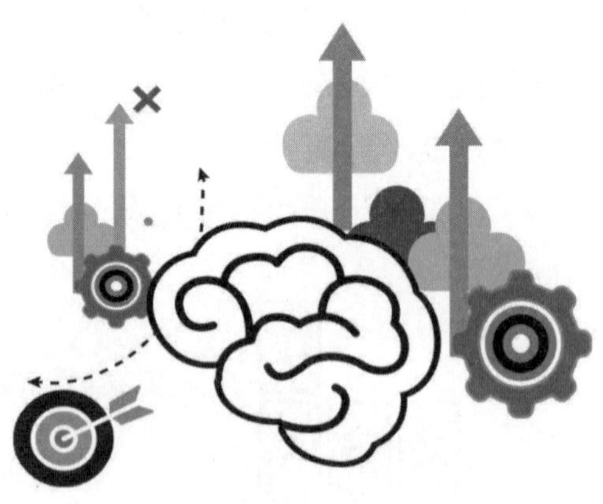

安娜堅信，只要懷揣探險的夢想，保持著探險的熱情，無論到哪裡，都會發現美好，收穫快樂。告別探險隊回到現代大都市的安娜即將開啟一段都市探險之旅。她將信心百倍地迎接生活中一個又一個難題，因為每一個考驗，都是成長的烙印。

生日派對

從野外回來後，安娜特別想念自己的朋友們。這一天，好友阿凱要舉行生日派對，邀請安娜到家裡來做客，安娜欣然前往。生日當晚，阿凱家真是熱鬧，他的親朋好友都來了。

阿凱有兩個妹妹，一個是王貝，一個是王斯。阿凱的女友費伊有兩個弟弟，一個是費安，一個是費迪。他們的職業分別是：阿凱是舞蹈家，王貝是舞蹈家，王斯是歌唱家，費伊是歌唱家，費安是舞蹈家，費迪是歌唱家。

六人中有一位擔任了一部電影的主演，有一位是該片的導演。他們要安娜猜出六個人中誰是電影的主演，並給出了以下提示：

（1）如果主演和導演是親屬，則導演是個歌唱家。

（2）如果主演和導演不是親屬，則導演是位男士。

（3）如果主演和導演職業相同，則導演是位女士。

（4）如果主演和導演職業不同，則導演姓王。

（5）如果主演和導演性別相同，則導演是個舞蹈家。

（6）如果主演和導演性別不同，則導演姓費。

你知道誰是電影的主演嗎？

A. 阿凱　　B. 王斯　　C. 費安　　D. 費迪

02 音樂家

阿凱平時愛好音樂，因此在他的生日派對上聚集了好幾位著名的音樂家。此時，有四位音樂家正好圍坐在一張方桌旁聊天。這其中有兩位女士——韓雪和楊倩，兩位男士——張放和吳思嘉。他們在音樂中擅長不同的領域，有一位是鋼琴手，另一位是小提琴手，第三位是小號手，第四位是鼓手。

安娜看到這麼多音樂家圍坐在一起，不禁注意觀察起來：

（1）坐在張放對面的是鋼琴手。

（2）坐在吳思嘉對面的不是小號手。

（3）坐在韓雪左側的是小提琴手。

（4）坐在楊倩左側的不是鼓手。

請問，誰是鼓手呢？

03 樂團助興

派對進行到一半時，阿凱告訴來賓們今天晚上會有神祕嘉賓到來。他話剛說完，從門口傳來一陣門鈴聲，隨後四位體態婀娜的少女走了進來，她們手中分別拿著不同的樂器。

安娜一眼看出這是當紅的一組姐妹樂團，她們四個人分別叫艾喜、艾樂、姚夢、姚想，這四個人是兩對姐妹。艾喜和艾樂是姐妹，姚夢和姚想是姐妹。

大家對這組姐妹樂團的音樂十分喜歡，但對這四個

成員卻不能對上名字。於是姐妹樂團的每個人都進行了發言，對於是姐妹的發言都是真實的，對於不是姐妹的發言都是假的。她們的發言如下：

坐在鋼琴前的少女說：「拿長笛的少女是姚夢。」

拿長笛的少女說：「拉小提琴的少女是姚想。」

拉小提琴的少女說：「拿三角鈴的少女是艾喜。」

拿三角鈴的少女說：「拿長笛的少女不是姚想。」

那麼，這幾個少女分別是誰？

04 穿著怪異的人

姐妹樂團為大家演奏了動人的音樂，對安娜來說，四種樂器的和聲宛若天籟，簡直太美妙了。

生日派對漸漸進入尾聲，門鈴突然又一次響起。安娜正納悶誰會在這個時候才來赴宴時，一個穿著怪異的女孩走了進來。

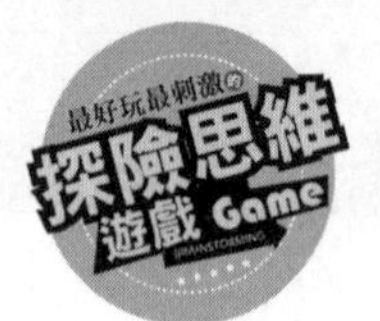

「天啊，她居然穿著圍裙就來參加生日派對了。」安娜不禁暗自驚訝道。

原來這個穿著怪異的女孩是阿凱的同學麗麗，她平時做事就不合常理，熟悉她的人已經對她見怪不怪了。

這時，安娜聽到站在旁邊的幾個好朋友，正小聲猜測麗麗的大圍裙裡面穿的是什麼。

小芳說：「麗麗如果穿著短裙的話，就穿著淡黃色的上衣。」

小欣說：「麗麗如果穿著淡黃色上衣的話，就穿著淡黃色的下裝。」

小貝說：「麗麗如果穿著淡黃色的下裝的話，就穿著短裙。」

小伊說：「麗麗如果沒穿著淡黃色下裝的話，就穿著淡黃色的上裝。」

安娜知道這四個人中，有兩個人的發言是假的，另外兩個人的發言是真實的。根據以上談話，你能判斷出麗麗的大圍裙裡面穿的是什麼嗎？（什麼也沒穿的可能性也是存在的）

05 誰偷吃了蛋糕

生日派對的最後一個環節是吃生日蛋糕，阿凱早就告訴過安娜，他的家人為他準備了一個特大的雙層生日蛋糕。

可是就在餐車把生日蛋糕推出來的時候卻發生了一件不可思議的事情，因為大家看到這個雙層大蛋糕被人挖去了一大塊，很顯然是被人偷吃了。

阿凱有點氣憤，但更多的則是疑惑，到底是誰偷吃了蛋糕呢？他思索了一會兒，於是找到了四個最可疑的服務員問話。這四個人的回答是：

甲說：「是乙吃的。」

乙說：「是丁吃的。」

丙說：「我沒有吃。」

丁說：「乙在撒謊。」

這四個人中，只有一個人說了真話，那麼究竟是誰偷吃了阿凱的生日蛋糕呢？

06 話劇彩排

安娜在阿凱的生日派對上認識了話劇演員依琳，安娜是個話劇迷，當她聽說依琳正在排練一場《白雪公主》的話劇時喜不自禁，非要去排練現場觀看。

第二天一大早，安娜準時來到了依琳所在的話劇團。她在後台看到了這部劇的四位演員，她們分別演出話劇裡的森林女巫、王后、白雪公主和女僕。

演出的日子接近，演員們正在化妝準備排練。這時，話劇團團長突然宣布了一個令所有演員大吃一驚的通知：上級為了考驗演員的演技，要求演員們在真正上台演出時，演出的角色與排練時不能相同。

當演員們知道自己的新角色後，進行了如下討論。

依琳說：「排練時林梅的角色，是演出時孫芳芳的角色。」

林梅說：「江雯在排練時演的是王后。」

孫芳芳說：「我在演出時扮演女僕。」

江雯說：「林梅在演出時扮演王后。」

安娜聽說在這四個人中，只有排練時扮演森林女巫的那個人會撒謊。那麼，你能根據四個演員的發言，判斷出她們在排練和演出時分別演什麼嗎？

07 看球賽

這天，一整個上午安娜都在話劇團觀看排練，在欣賞自己喜愛的事物時，時間往往會過得飛快，安娜一看錶，居然已經到中午了。她想起了一件更重要的事，急忙與依琳告別，離開了話劇團。

安娜是個超級球迷，今天是世界盃決賽的日子，她早已約了好幾個球友一起觀看電視直播，還好她回到家時直播才剛剛開始，此時幾個好朋友已經坐在電視機前了。

今年進入決賽的有義大利、德國、巴西、阿根廷四支隊伍。安娜一邊看球賽，一邊與阿凱、李雲峰討論誰會奪冠。

阿凱認為，冠軍不是德國就是義大利。

李雲峰堅持認為冠軍絕不是巴西。

安娜則認為，阿根廷不可能奪冠。

比賽結束後，三個人發現他們之中只有一個人的看法是對的。那麼你知道哪支隊伍獲得冠軍了嗎？

08 參觀景點

這個週末安娜來到表姐家聚餐，與安娜喜愛探險有所不同，安娜的表姐最大的愛好是旅行，特別是去一些世界聞名的景點。在餐桌上，安娜問起了最近一次表姐一家三口去巴黎旅行的經歷。

「姑姑、姑父和表姐，你們在巴黎都去哪些著名的地方了呢？」安娜興奮地問道，可是聽完三個人的回答，

她更加迷茫了，因為他們說的並不一樣。

姑姑說：「我們登上了艾菲爾鐵塔，參觀了凱旋門，但沒有去羅浮宮。」

姑父說：「我們登上了艾菲爾鐵塔，並到過羅浮宮，可是我們既沒參觀凱旋門，也沒去巴黎體育大廈。」

表姐說：「我們都沒登上艾菲爾鐵塔，但先參觀了凱旋門，然後去了羅浮宮。」

如果表姐一家三口人每人都說了一句假話，那麼他們到底參觀了哪些景點呢？

09 圍巾謎題

吃過飯，安娜翻看表姐一家在巴黎照的照片。看到照片裡迷人的風景，安娜彷彿已經置身於法國巴黎時尚的街區，領略異域風情。

「哇，這條圍巾真漂亮！」安娜指了指照片。

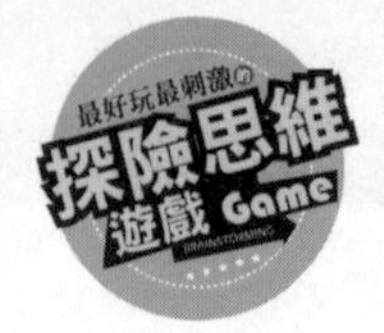

「這是在一個國際品牌的專賣店買到的，是旅行團的導遊帶我們去那裡參觀的。當時很多人都買了這樣的圍巾做紀念。」表姐說道。

「還有誰買了呢？」安娜似乎對圍巾很感興趣。

「那就需要你自己分析了。我可以告訴你三個已知條件和四個選項。

已知（1）有人買了圍巾；（2）有人沒有買圍巾；（3）這個旅行團的張先生和王女士都買了圍巾。如果以上三句話中只有一句為真，那麼張先生和王女士是否買了圍巾呢？選項分別為

A.張先生和王女士都沒買圍巾。

B.張先生買了圍巾，但是王女士沒買圍巾。

C.這個旅行團的李先生買了圍巾。

D.張先生和王女士都買了圍巾。

表姐說完，只見安娜眉頭緊鎖陷入深深的思考之中。你知道應該選哪一項嗎？

10 表姐的心上人

安娜的表姐是個愛浪漫的女孩，她們姐妹二人無話不談，這天表姐向妹妹透露了一件心事。原來現在有四位男士同時在追求表姐，而表姐有自己的擇偶條件，一時間拿不定主意，於是想聽聽妹妹的意見。

「姐姐，妳心中的白馬王子是什麼樣子呢？」安娜好奇地問道。

「他應該是又高又帥，而且必須是個博士。」表姐回答。

「那現在這四位男士的條件如何？」安娜接著問。

「這四個人中，高個子的有三個，博士有兩個，有一個人長相英俊；王曉民和田飛都是博士；劉壯和李成身高相同；李成和王曉民並非都是高個子。」

安娜眼珠轉了轉，很快就猜出哪一位是表姐的心上人了。你猜出來了嗎？

11 報名參加運動會

在從野外回來的這段時間裡，安娜與好朋友相聚，又去探望了親屬，過得很充實。一轉眼暑假結束了，開學的第一天，她聽到了一個振奮人心的消息：一年一度的運動會就要舉行了。老師通知大家，想要參加運動會的同學放學後到101室報到。這個消息讓熱愛運動的安娜躍躍欲試，放學的鐘聲剛響起，她就迫不及待地去報名了。

安娜走進101室時，已經有三名運動員在那裡等待了。其中有1名女生——小薇，2名男生——小剛和小揚。包括安娜在內，這四位選手中有一位是田徑選手，一位是足球選手，一位是體操選手，一位是網球選手。

安娜看到這三個人已經圍坐在一張方桌旁，於是也坐了過去。此時的格局是這樣的：

（1）田徑選手坐在安娜的左邊；

（2）體操選手坐在小剛的對面；

（3）小薇和小揚相鄰而坐；

（4）有一個女生坐在足球選手的左邊。

那麼，誰是網球選手呢？

12 誰預測錯了？

學校的運動會正在如火如荼地進行著，這時要開始的比賽項目是百米賽跑。安娜在賽前來到運動員休息室要幫即將進行比賽的同班同學加油，正好聽到屋子裡四位運動員正在預測比賽名次。

甲說：我一定會得第一名。

乙說：我絕對不會是最後一名。

丙說：我不可能是第一名也不可能是最後一名。

丁說：那只有我是最後一名啦。

安娜聽完默默記住了這四個人的預測。在比賽結束揭曉成績時，她發現這四個人中只有一個人預測錯了。你能指出來是誰預測錯了嗎？

二次參賽

在學校的運動會上，羽毛球項目一直採取聯賽制。今年對於二年級的毛、麥、羅、安、瓦五位同學來說，他們已經是第二次參加羽毛球聯賽了。

當今年的結果出來時，善於思考的安娜總結出這五位同學的幾點參賽規律：

（1）每次聯賽只進行了四場比賽：毛對麥，毛對瓦，羅對安，羅對瓦；

（2）只有一場比賽在兩次聯賽中勝負情況保持不變；

（3）毛是去年聯賽的冠軍；

（4）在每一次聯賽中，輸一場即被淘汰，只有冠軍一場都沒輸；

（5）每場比賽都不會有平手的情況。

那麼，你知道誰是今年聯賽的冠軍嗎？

14 游泳冠軍

今年的運動會新增了游泳比賽項目，誰能奪得首場游泳比賽的冠軍，這話題正在校園裡熱議中。安娜對此也十分關注。

參加游泳比賽的一共有四個人：小張、小王、小李和小趙。比賽結束後，他們四個人都不說出真實成績：

小張：我剛好比小王先到達終點，我不是第一名。

小王：我剛好比小李先到達終點，我不是第二名。

小李：我剛好比小趙先到達終點，我不是第三名。

小趙：我剛好比小張先到達終點，我不是最後一名。

上面這些話中只有兩句是真話，取得第一名的那個人至少說了一句真話。

那麼，你知道誰是首場比賽的游泳冠軍嗎？

野餐速成

運動會要準備食物，需要將麵包片兩面烤好。烤麵包片的一面需要30秒。現有一個烤箱，一次只能烤兩片麵包。（1）如何只用一分半鐘就烤完三片麵包？

現在我們一起來烤A、B、C三塊麵包片，並抹上黃油。我們手頭只有一個烤箱，一次只能烤兩片麵包，並且每次只能烤一面，如果要烤另一面，必須把麵包片翻過來。

把麵包片送進烤箱，把麵包片取出烤箱，在烤箱中給麵包片翻身，完成這三個基本動作各需要3秒鐘。

只需給麵包片的某一面抹黃油，但這一面必須是烤過的。一片已經抹上黃油的麵包可以送進烤箱去烤另一面。烤麵包片的一面所需的時間是30秒（這種烤法不必一次完成，例如，可以先烤15秒，取出麵包，間隔若干秒後放入烤箱再烤15秒），替一片麵包抹黃油所需的時間是12秒。

完成每一個動作都需要雙手配合，這意味著同時拿出拿進麵包片，同時在烤箱中翻兩片麵包片，或同時抹黃油和在烤箱中翻麵包片等等，都是不可能的。

（2）現在的問題是，要完成A、B、C三片麵包片的兩面烤法和一面抹上黃油的工作，最短需要多長時間？

本題的發明者最初的答案是2分鐘，但有人把這時間縮短到了111秒。

請問，上述任務是如何在這麼短的時間裡完成的？

16 現在的時間

有四個人坐在運動會的長椅上。安娜走上前來，問道：「請問，現在是什麼時間？」四個人同時看了一下自己的手錶，然後分別做了回答。

甲說：「現在是12點54分。」

乙說：「不，是12點57分。」

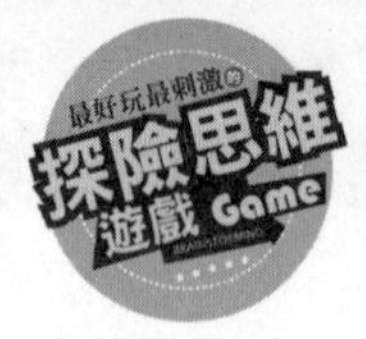

丙說：「我的錶是1點03分。」

丁說：「我的錶是1點02分。」

事實上這四個人的錶分別有2、3、4和5分鐘的誤差（這個順序並非對應於他們回答時的順序）。

你能夠計算出現在的準確時間嗎？

猜順序

王貝對今年的比賽結果似乎不太滿意，安娜為了安慰好朋友，就帶王貝去看正在進行中的一場趣味比賽，比賽選手在場上各種搞笑的動作，讓在場觀眾發出一陣陣笑聲。

此刻王貝和安娜都被這有趣的比賽吸引住了，只見賽場上有5位選手，他們身上的參賽編號分別為Ａ、Ｂ、Ｃ、Ｄ、Ｅ。

安娜預測比賽結果的順序是ＡＢＣＤＥ，結果她沒

有猜對任何一個名次，也沒有猜對任何一對相鄰的名次（即某兩個人實際名次相鄰，而在她的猜測中名次也相鄰，且先後順序相同）；而王貝預測的結果為ＤＡＥＣＢ，幸運的是她猜對了兩個名次，同時還猜中了兩對相鄰的名次。

那麼，你能根據二人的預測情況，猜出這場趣味比賽真正的比賽結果順序嗎？

18 老師們的比賽

除了趣味項目的比賽之外，吸引同學們目光的另一個項目，便是老師們的田徑賽了。此次運動會一共為老師們設置了3個短跑項目，分別是60公尺、100公尺和200公尺。張老師、王老師和李老師分別參加了其中的一項，而且三人參賽的項目還不一樣。安娜、關飛和小珍做了以下猜測：

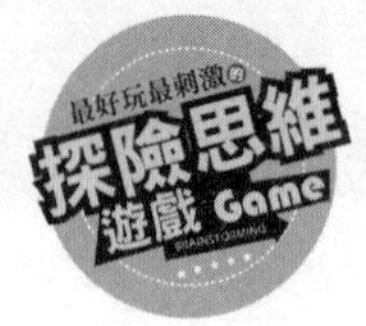

安娜：張老師參加了60公尺，王老師參加了100公尺。

關飛：李老師沒參加100公尺，王老師參加了60公尺。

小珍：張老師沒參加60公尺，王老師參加了200公尺。

如果她們的猜測都對了一半，則以下哪項為真？

A.張老師、王老師和李老師分別參加了60、100和200公尺。

B.張老師、王老師和李老師分別參加了60、200和100公尺。

C.張老師、王老師和李老師分別參加了100、60和200公尺。

D.張老師、王老師和李老師分別參加了200、60和100公尺。

E.張老師、王老師和李老師分別參加了200、100和60公尺。

19 做遊戲

學校運動會圓滿結束了，安娜所在的班級獲得了團體第一名的好成績，而她自己也在擅長的項目上取得了名次。為了慶祝，班長提議召開聯歡會。聯歡會上的第一個節目是玩遊戲。遊戲規則如下：

有兩支隊伍，分成真理隊和謊言隊，真理隊只准說真話，謊言隊只准說假話；真理隊站在講臺西側，謊言隊站在講臺東側。這時，從真理、謊言兩隊中選出一個人——恰好是安娜，讓她站在講臺中間。

講臺下的學生從真理隊或謊言隊中任意抽出了一個隊員，去問安娜，抽出的這個隊員是在講臺的西側還是東側。這個隊員說，安娜說他在講臺西側。台下的學生馬上判斷出來安娜是真理隊的。

那麼講臺下的學生的判斷對嗎？為什麼？

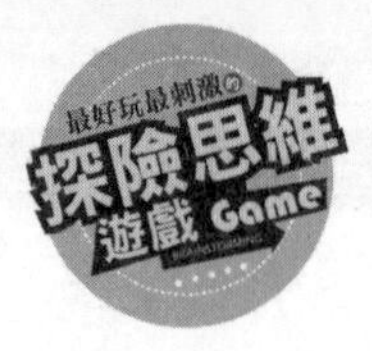

20 運動人選

有一個運動項目，要在代號為A、B、C、D、E、F的六個隊員中挑選若干人去完成這項任務。人選的配備要求，必須滿足下列各點：

①A、B兩人中至少去一個人；

②A、D不能一起去；

③A、E、F三人中要派兩人去；

④B、C兩人都去或都不去；

⑤C、D兩人中去一人；

⑥若D不去則E也不去。

請問，應該讓誰去？為什麼？

21 缺席的人

安娜在班級的聯歡會上玩得很開心，直到第二天中午午休的時候，同學們還在討論昨天聯歡會上有趣的事情。這時班長小涵突然想起一件事，於是跟大家說：「昨天我們班有一個人沒出席聯歡會，我想不起來是誰了，但是我敢肯定，小萍、大牛、丹丹和珊珊這四個人中有一個人沒出席，其他三個人都出席了。」於是班長對這四個人逐一進行了詢問。他們的回答如下：

小萍說：「大牛沒來。」

大牛說：「我不但來了，還表演了節目。」

丹丹說：「我晚來了一會兒，但一直到晚會結束了才走。」

珊珊說：「如果丹丹來了，那就是我沒來。」

如果他們中只有一個人說了謊話，那麼是誰沒出席昨天的聯歡會？

22 新來的老師

新學期開始，安娜所在的班級來了新的老師，分別是李老師、汪老師和胡老師，他們教的課程是語文課、數學課和英語課。

這天，安娜放學回到家被媽媽問到新老師的情況，調皮的安娜想跟媽媽賣個關子，就跟媽媽說：「我給妳一些提示，看妳能不能猜出來三位老師各上什麼課？」以下是安娜的提示資訊：

提示一：每名老師只教一門課。

提示二：李老師上課全用漢語。

提示三：英語老師是一個學生的哥哥。

提示四：胡老師是一位女老師，她比數學老師活潑。

媽媽聽完後，一時間理不清頭緒。那麼你能猜出來答案嗎？

23 是誰做了好事？

學校裡的一名學生在路上救助了一位老奶奶，他熱心地把老奶奶送到醫院，待到老奶奶脫離危險後，沒有留下姓名就離開了。

學校為了表揚好人好事需要核實這件事情，於是一大早老師就找到了三名符合被救的老奶奶描述的學生：

小虎說：「是小亮做的好事。」

小亮和小白都說：「不是我做的。」

老師知道這三個人中只有一個人說了實話。你知道誰做了好事嗎？

象棋大賽

學校一年一度的象棋大賽開賽了，安娜從小就跟爺爺學象棋，雖沒有達到參賽的水準，卻也很高興又能一睹學校裡象棋高手的對決了。

這一屆的象棋大賽有10名同學參賽，比賽採用單循環賽制。每名同學都要與其他9名同學比賽一局。比賽規則是：每局獲勝者得2分，敗者得0分，平局兩人各得1分。

在揭曉成績時，安娜發現10名同學的得分各不相同。並且呈現出以下規律：

（1）第一名與第二名連一局都沒有輸過。

（2）前兩名的得分總和比第三名多20分。

（3）第四名的得分與最後四名的得分之和相等。

那麼，排名第五和第六的同學的得分，分別是多少呢？

25 世界捐血日的討論

每年的6月14日是世界捐血日，在這天學校舉辦了捐血活動，安娜和同班的3位同學積極回應學校的號召，一大早就來到指定的醫院準備捐血。

「同學們，你們都知道自己的血型嗎？」一名醫院的工作人員對安娜和她的同學們問道。

已知這四位同學的血型各不相同，即他們的血型各是A、B、O、AB四種血型中的一種。

安娜說：「我是A型。」

王貝說：「我是O型。」

小萍說：「我是AB型。」

丹丹說：「我不是AB型。」

結果發現，四個人的話中，只有一個人的話是假的。

根據以上情況，可以推斷出以下哪一項成立？

A · 若王貝的話為假，可以推出四個人各是何種血型。

B · 若小萍的話為假，可以推出四個人各是何種血型。

C·若丹丹的話為假，可以推出四個人各是何種血型。

D·無論哪個人的話為假，都可以推出四個人各是何種血型。

E·無論哪個人的話為假，都推斷不出四個人各是何種血型。

26 與醫務人員的對話

安娜經過血型測試後，順利地進行了抽血，隨後一名醫務人員告訴安娜捐血後的注意事項，安娜十分敬仰醫生這個救死扶傷的偉大職業，在與醫務人員交流健康知識的同時，她隨口詢問了這家醫院的醫務人員的情況。

「這家醫院，包括我在內，共有16名醫生和護士。下面講到的人員情況，無論是否把我計算在內，都不會有任何變化。」這名醫務人員回答道。以下是這名醫務人員介紹的情況：

（1）護士多於醫生；

（2）男醫生多於男護士；

（3）男護士多於女護士；

（4）至少有一位女醫生。

那麼，你能猜出來說話的這位醫護人員是什麼性別和職務嗎？

27 雕塑課堂

星期五學校安排了安娜選修的雕塑課，包括安娜在內，教室裡有五名正在學習雕塑的學生，他們以自己為模特兒製作了五種雕像（全身像、半身像、胸像、頭像、手像）。以下是這五人的發言，做頭像和手像的兩個人在撒謊，剩下的三個人說的是真話。

安娜說：「珊珊做的不是頭像。」

珊珊說：「小珍做的是全身像。」

小珍說：「宋書做的不是半身像。」

宋書說：「安娜做的不是手像。」

美美說：「我做的不是胸像。」

那麼，你知道每個人分別做了哪種雕像嗎？

28 一起做難題

這天放學後，安娜與王貝、丹丹一起寫作業。她們在做一道很難的數學題，當三個人都把自己的解法說出來以後，安娜說：「我做錯了。」王貝說：「安娜做對了。」丹丹說：「我做錯了。」

第二天上課時老師看到她們的答案並聽了她們的意見後說：「妳們三個人中有一個人做對了，有一個人說對了。」

那麼，她們三個人中到底誰做對了？

29 神奇的化學反應

化學實驗課是安娜最喜歡的課程之一，這一天在實驗課上，化學老師為大家介紹了一種罕見的化學藥劑GOUPYII，它具有獨特的性質：

當把化學藥劑GOUPYII，添加到任何透明的含有氯化鈉的溶液中時，溶液會變渾濁。

當把化學藥劑GOUPYII，添加到含有硝酸鉀的透明溶液中時，溶液會變渾濁；但是化學藥劑GOUPYII，不會改變含有苯的溶液。

隨後，化學老師做了一個實驗，化學藥劑GOUPYII被添加到一種透明溶液中，溶液仍然保持透明。

「根據以上實驗，可以推斷出下面哪個選項是真的呢？」化學老師隨即給出選項：

A. 透明溶液含有硝酸鉀

B. 透明溶液含有氯化鈉和苯

C. 透明溶液不含有苯

D. 透明溶液不含有氯化鈉

E.透明溶液既不含有硝酸鉀也不含有苯。

看完選項，安娜緊鎖眉頭，認真思考起來。你能夠回答化學老師的問題嗎？

30 家庭住址

蘇睿是班級新來的插班生，與安娜坐在一起。蘇睿是個愛笑的女孩，她笑起來眼睛彎彎的像月亮，安娜非常高興認識了新朋友。放學的時候，她問蘇睿家住哪，如果順路就可以結伴回家。

蘇睿說，她家住在第十三大街，這條大街上的房子的編號是從13到1300。安娜想知道蘇睿家的門牌號碼。

「它小於500嗎？」安娜問道。蘇睿做了答覆，但她講了假話。

「它是個平方數嗎？」安娜問道。蘇睿做了答覆，

但她沒有說真話。

「它是個立方數嗎？」蘇睿回答了，不過這次講了真話。

「如果我知道第二位數是否是1，我就能知道妳家的門牌號碼了。」安娜說。於是蘇睿告訴了安娜她家門牌號碼的第二位數是否是1，安娜也講了她所認為的號碼。這時蘇睿笑了起來，還做了一個鬼臉，因為安娜猜錯了。

那麼，你能猜出來蘇睿家的門牌號碼到底是幾嗎？

31 吃麵包的女孩

因為蘇睿是插班生，所以安娜格外關心她，很快她們就成為了好朋友，每天中午都一起吃午餐。幾天後安娜發現了一件奇怪的事：蘇睿這個星期從週一到週四，中午都吃麵包。

蘇睿告訴安娜，她的父母這出差4天，剩下她一個人在家。幸好媽媽準備了足夠的麵包給她吃。她在從週一到週四的4天中每天都吃巧克力麵包和奶油麵包。她每天吃的巧克力麵包數量各不相同，在1到4之間。而且她吃的奶油麵包的數量每天也不一樣，在1到5之間。

根據以下條件，你能說出蘇睿每天分別吃了哪一種麵包，吃了多少個嗎？

（1）一天中吃掉的麵包總數隨著日期的增加而每天增加一個；

（2）週一吃了3個巧克力麵包；週二吃了一個巧克力麵包；週四吃了5個奶油麵包。

（3）四天裡，每天吃的每種麵包數量也都不一樣。

32 家中的客人

這一天，安娜回到家後發現家中來了三個客人，都是爸爸的好朋友。爸爸向安娜介紹說這三位叔叔中有一位是老師。爸爸要安娜猜猜看哪一位是老師。於是安娜分別詢問了三位客人的職業。

李叔叔說：「我是老師。」

張叔叔說：「我不是老師。」

王叔叔說：「妳的李叔叔說了假話。」

爸爸聽完笑著對安娜說：「他們三個人說的只有一句是真的。」

那麼究竟誰才是老師呢？

33 比成績

學校的期中考試結束，到了公布成績的時候，安娜和好朋友王貝都拿到了自己的成績單。這時同學大牛走來詢問二人誰的成績好。

「我成績比較好一點。」安娜回答道。

「我的成績比較差一些。」王貝回答道。

當大牛看到全班的成績單時，發現當時安娜和王貝兩個人中至少有一個人沒有說實話。那麼，你知道到底誰的成績更比較好一點嗎？

週末逛街

考試過後的週末是最愜意的了，在週六這天安娜一覺睡到自然醒，然後和媽媽一起去逛街購物。

安娜和媽媽來到一條商店街，沿著商，街的兩邊有1、2、3、4、5、6六家店。這些店的位置有著這樣的關係：

（1）1號店的旁邊是書店。

（2）書店的對面是花店。

（3）花店的隔壁是麵包店。

（4）4號店的對面是6號店。

（5）6號店的隔壁是酒吧。

（6）6號店與文具店在道路的同一邊。

那麼，你能猜出1號店是什麼店嗎？

35 裙子的顏色

在商店街，媽媽替安娜挑選了一條裙子，安娜非常喜歡這條裙子的顏色，她回到家後迫不及待地想向好朋友們展示自己的新裙子。於是她打開電腦，登錄上了好朋友的聊天族群，正好她的同學王貝、珊珊和丹丹都線上，她們就聊起天來。以下是聊天記錄：

安娜：我買了條裙子，妳們猜，是什麼顏色的？

王貝：妳買的裙子不會是藍色的。

珊珊：妳買的裙子不是紅的就是黑的。

丹丹：妳買的裙子一定是黑色的。

安娜對著電腦螢幕笑著說：「妳們的看法至少有一種是正確的，不過也至少有一種是錯誤的。」那麼，安娜的新裙子到底是什麼顏色的呢？

奇怪的營業時間

安娜和好朋友們越聊越高興，當大家聊到逛街的話題時，好友珊珊回憶起她在一座休閒城市旅遊的經歷：

這座著名的休閒城市裡有一家餐廳、一家百貨商場和一家蛋糕店。這個休閒城市一星期中沒有一天餐廳、百貨商場和蛋糕店全都開門營業。百貨商場每星期開門營業4天，餐廳每星期開門營業5天，星期日和星期三這三家店都關門休息。珊珊到達城市的那一天，蛋糕店正好開門營業。在連續的三天中：

第一天，百貨商場關門休息；

第二天，蛋糕店關門休息；

第三天，餐廳關門休息。

在接下來一個連續的三天（可能與第一個三天有間隔）中：

第一天，蛋糕店關門休息；

第二天，餐廳關門休息；

第三天，百貨商場關門休息。

珊珊在講述完自己的見聞後，問了大家一個問題：「妳們能猜到我到達休閒城市是一星期中的哪一天嗎？」

安娜盯著螢幕上的聊天記錄，陷入沉思。那麼，你猜到答案了嗎？

37 郊遊

對於安娜來說這個週末是忙碌而充實的，週日這天安娜找了幾個好朋友一起去郊遊，由於天氣晴朗，出來遊玩的人比平日多，為了不走散，安娜建議大家戴上不同顏色的帽子。這些人中有的人戴的是紅色的帽子，有的人戴的是黃色的帽子。

在不允許偷看自己帽子顏色的情況下，一個戴紅帽子的人看到的紅帽子與黃帽子一樣多，而在戴黃帽子的人看來，紅帽子比黃帽子要多一倍。

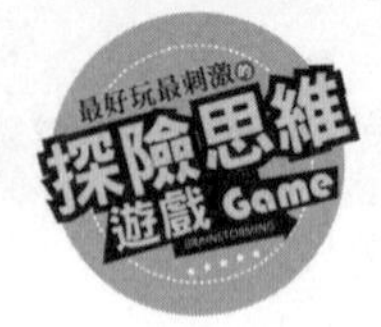

那麼，這群人裡到底有幾個人戴紅帽子，幾個人戴黃帽子呢？

38 時間表

安娜有個好習慣，就是能夠合理地利用時間，因此她做事情的效率通常很高。這天晚上，安娜在9：00到11：30的時間段內連續做了5件事，不過她並沒有同時做兩件事。她用在不同事情上的時間也各不相同。

（1）安娜10：05的時候在做數學題。

（2）第三件事做了10分鐘，第四件事做了50分鐘。

（3）寫完作文後做了數學題，學習英語（20分鐘）後又學習了地理。

（4）安娜曾經做過的事包括寫作文、做數學題、學習英語、學習地理、學習歷史。

（5）安娜花費的時間：10分鐘、20分鐘、30分鐘、

40分鐘、50分鐘。

那麼，根據以上條件，你能否列出這段時間內安娜的時間表呢？（即從幾點到幾點她分別做了什麼）

39 點餐

上學期間，安娜每天中午都與王貝和大牛在學校的餐廳吃午飯。而且他們三個的口味相似，他們每人點的餐不是牛肉飯就是咖哩飯。我們已知下列情況：

（1）如果安娜要的是牛肉飯，那麼王貝要的就是咖哩飯；

（2）安娜或大牛要的是牛肉飯，但是不會兩人都要牛肉飯；

（3）王貝和大牛不會兩人都要咖哩飯。

那麼，你能猜到誰昨天要的是牛肉飯，今天要的是咖哩飯嗎？

巧排座位

安娜的學校即將舉辦耶誕節聯歡會，聯歡會將邀請各國的貴賓一起聯歡。在一個圓桌周圍坐著5個人。

A是中國人，會說英語；

B是法國人，會說日語；

C是英國人，會說法語；

D是日本人，會說漢語；

E是新西蘭人，只會說英語。

為了使各國的貴賓落座後彼此間都能交談，聯歡會的主持人找了安娜，請她負責安排座位。那麼，你能幫助安娜想到一個合適的排座方案嗎？

41 銀行劫匪的模樣

這一天安娜在電視上看到了這樣一則新聞：全市最大的銀行遭到一名劫匪的搶劫。新聞記者分別對四名銀行職員進行了採訪，他們都對劫匪的相貌進行了描述：

保全說，他有一雙藍眼睛，高個子，穿了件背心，戴了頂帽子。

櫃員說，他有一雙黑眼睛，矮個子，穿了件背心，戴了頂帽子。

秘書說，他有一雙綠眼睛，中等個子，穿了件雨衣，戴了頂帽子。

清潔員說，他有一雙灰眼睛，高個子，穿了件背心，沒戴帽子。

這則新聞引起了安娜的注意，她記住了這四個證人的證詞。幾天後，這個銀行劫匪落網，並供認了作案時的裝束，安娜發現每位證人都只是正確地描述了四個細節中的一個，而對於每個細節，至少有一位證人的描述是正確的。

那麼，對這個劫匪的正確描述應該是怎樣的呢？

42 街邊的鬥魚

安娜在街邊看到有人在鬥魚。他們有兩種魚，一種又大又白，叫作「國王」，另外一種又黑又小，叫作「魔鬼」。兩種魚互相敵對，只要一見面就會鬥個你死我活。一條「國王」大魚可以對付幾條「魔鬼」小魚，不過小魚很陰險，會聯合作戰。

牠們的實力如下：一條大魚和三條小魚實力相當，分不出高低；而四條小魚對付一條大魚，只需要三分鐘就可以把大魚殺死，而五條小魚一起發動致命一擊殺死大魚的時間按比例縮短。

那麼，四條「國王」大魚對付十三條「魔鬼」小魚，誰會最終取勝？獲勝需要多長時間？

43 悠閒的午後

這天安娜邀請了好朋友王貝、珊珊、小薇來家裡做客。中午林媽媽做了一桌豐盛的午餐招待她們。飯後，幾個小女生在安娜的房間裡一邊聽音樂，一邊各自做事。她們當中有一個人在玩手機，一個人在寫信，一個人躺在床上，另一個人在看書。

（1）安娜沒在玩手機，也沒在看書；

（2）王貝沒有躺在床上，也沒在玩手機；

（3）如果安娜沒躺在床上，那麼小薇沒在玩手機；

（4）如果王貝沒在看書，那麼珊珊沒躺在床上；

（5）珊珊既沒在看書，也沒在玩手機；

（6）小薇沒在看書，也沒躺在床上。

那麼，她們各自在做什麼呢？

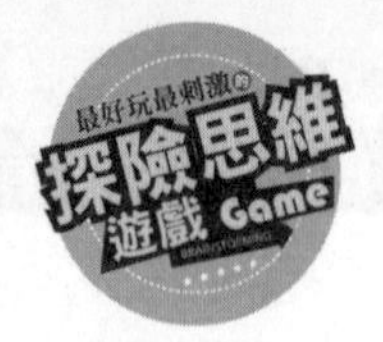

無法進行的考試

安娜聽一位老師宣布說，在下一星期五天內（星期一至星期五）的某一天將進行一場考試。

但他又告訴班上同學：「你們無法知道是哪一天，只有到了考試那天的早上八點鐘才會通知你們下午一點考試。」

你能說出為什麼這場考試無法進行嗎？

45 優秀學生評選

這一天，學校裡公布了優秀學生的候選人名單，其中就有安娜的名字。安娜知道只有各方面都優秀的學生才能被評為優秀學生，她感到十分榮幸。

和她同被列入候選人名單的有高陽、陳帆和鄭小敏。這四個同學猜測他們之中誰會評選成功。

高陽說：「如果我被評選上，那麼陳帆也會上。」

陳帆說：「如果我被評選上，那麼鄭小敏也會被選上。」

鄭小敏說：「如果安娜沒被評選上，那麼我也沒被選上。」

實際上，他們之中只有一人沒被選上，並且三個人說的都是正確的。那麼，你知道誰被評選為優秀學生了嗎？

46 旅途中的陌生人

老師告訴安娜，被評為優秀學生的人有一次去濱市著名高校參觀學習的機會，時間定在下週。於是安娜在週一坐上了開往濱市的列車。

在火車上，與安娜同坐一節車廂的除了她的同學，還有甲、乙、丙、丁四個人，透過聊天安娜瞭解到這四個人分別為大學生、收銀員、工人、商人。他們告訴了安娜以下資訊：

（1）甲在教乙練氣功。

（2）甲和乙是鄰居，每天一起坐車去上班。

（3）丙的年齡比乙小。

（4）大學生走路上學。

（5）商人和工人並不認識。

（6）收銀員的鄰居不是商人。

（7）商人的年齡比工人的年齡小。

你能根據以上資訊，判斷出甲、乙、丙、丁分別和

誰對應嗎？

47 穿錯衣服

很快安娜順利抵達了濱市，並被安排在一間可以容納四個人的飯店房間裡，她的室友都是一起來參觀學習的同學，有小珍、珊珊、麗麗。

安娜坐了長途火車感到十分疲憊，早早地上床睡覺了，其他三個女生也很早就休息。在她們進入夢鄉後不久，意想不到的事情發生了。一陣刺耳的警報聲突然響起，安娜被驚醒並意識到這是火警的警報聲，她慌忙爬起來穿上衣服跑出了房間。

等大家來到安全的地方後，才發現她們四人只有一人穿上了自己該穿的上衣，還有一人穿對了自己該穿的下裝，而且沒有人把上裝和下裝全部穿對。

（1）珊珊穿了一個人的下裝，這個人又穿了麗麗的

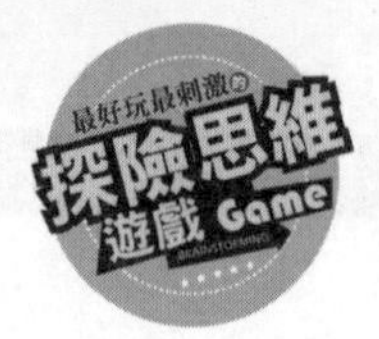

上裝。（2）小珍穿了一個人的下裝，這個人又穿了珊珊的上裝。

根據以上條件，你能判斷出四人分別穿了誰的上裝和下裝嗎？

48 教授的行程

昨晚的火警一點都沒有破壞安娜的興致，今天一大早安娜就和同學們來到濱市著名高校參觀，帶他們參觀學習的是汪教授，透過教授的講解，安娜感到受益頗多。為了感謝汪教授，同學們邀請汪教授有空可以來飯店共進午餐。汪教授很高興地答應了大家。

以下是汪教授一週的活動安排：

參觀科技館，去稅務所，去醫院看外科，還要去飯店吃午餐。

飯店星期三停止營業，稅務所週六休息，科技館在

星期一、三、五開放，外科大夫每星期二、五、六看診。那麼汪教授在星期幾能一天之內完成所有事情？

49 共進午餐

這一天中午，安娜和同學們在飯店的餐廳與汪教授一起吃飯。令安娜感到高興的是，她與汪教授被分在了同一張圓桌旁吃飯，這樣一來就可以很方便地交流。這個飯店的每張圓桌可以容納五個人就餐。

汪教授進來後先在一張圓桌旁坐了下來，然後問其他4人要怎麼坐。

安娜說：「我坐在珊珊旁邊。」

麗麗說：「我坐在小珍旁邊。」

珊珊說：「安娜是在小珍的左邊。」

小珍說：「那我右邊是安娜或珊珊。」

你知道這五個人是怎麼坐的嗎？

漆上顏色的立方體

設想你有一罐紅漆，一罐藍漆，以及大量同樣大小的立方體木塊。你打算把這些立方體的每一面漆成單一的紅色或單一的藍色。

例如，你會把第一塊立方體完全漆成紅色。第二塊，你決定漆成3面紅3面藍。第三塊或許也是3面紅3面藍，但是各面的顏色與第二塊相應各面的顏色不完全相同。

按照這種做法，你能漆成多少塊互不相同的立方體？如果一塊立方體經過翻轉，它各面的顏色與另一塊立方體的相應各面相同，這兩塊立方體則被認為是相同的。

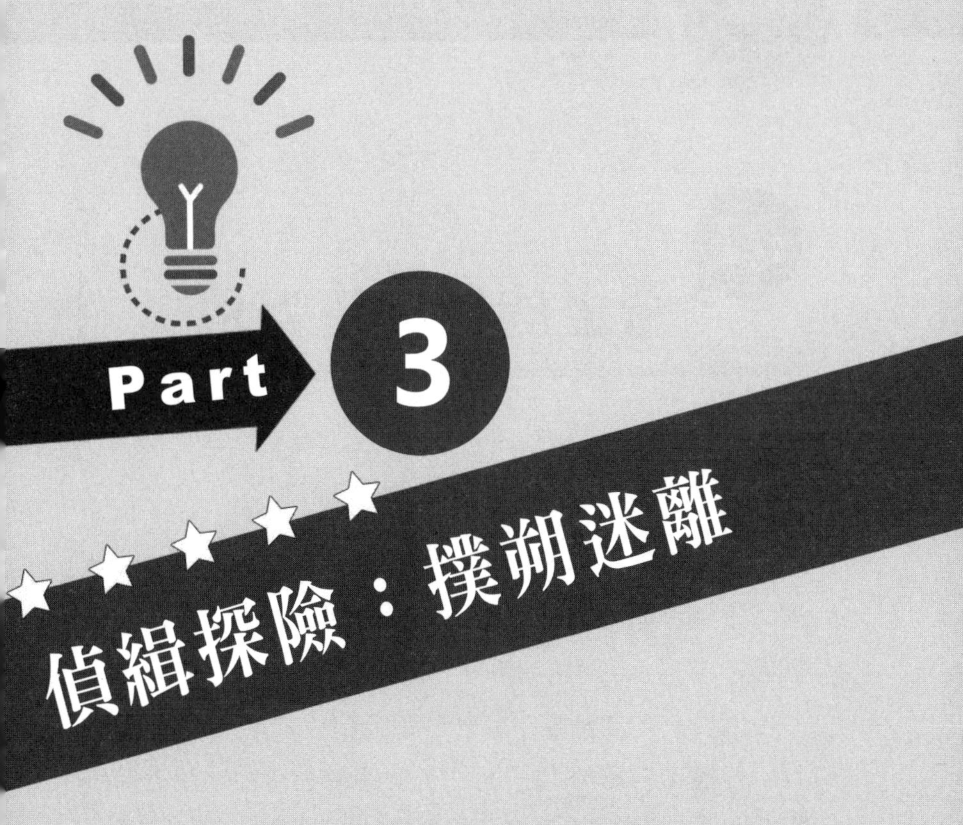

從福爾摩斯到柯南，從金田一再到東野圭吾，只要是偵探故事，安娜都會為之著迷不已。她常常感慨，為何生活中不會出現故事裡那樣離奇的冒險。

然而，一個久違的邀請卻為她打開了一道通往偵探世界的大門。在撲朔迷離的偵緝探險中，她經歷了一場又一場頭腦風暴的洗禮。

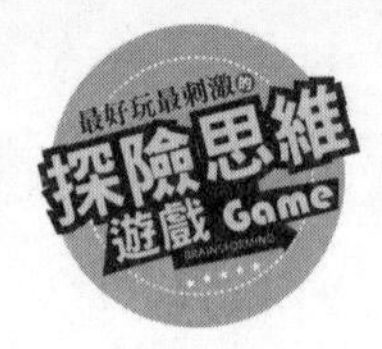

01 奇怪的信

這天早上安娜收到一封信，信封上沒有署名，只寫著「安娜小姐親啟」幾個字，她打開信封，信的內容很簡短：

來找我，有驚喜。你的老朋友C。

信的結尾處附上了地址。安娜的心怦怦地跳著，所謂的老朋友C會是誰呢？我要不要去？答案當然是肯定的！

第二天一早，安娜來到了一座大樓頂樓的2301房間門前，門牌號碼旁還有一張醒目的牌匾，上面寫著：C偵探事務所。

她按了下門鈴，沒多久門開了，門裡站著一名男子，他戴著金邊眼鏡，臉部棱角分明，穿著一身黑色的職業裝。

「啊！原來是你！」安娜又驚又喜。

「安娜，好久不見，哈哈。」陳朗笑道，他知道自己的玩笑達到了目的。原來陳朗在安娜離開探險隊不久

也離開了，但是令安娜奇怪的是，這位擅長多種語言又瞭解歷史的研究生怎麼會當起了偵探。

「說來話長，在這之前我想先問你一個問題好嗎？安娜。」陳朗先聲奪人。以下是他的提問：

某地發生了一起兇殺案。兇手殺人後逃跑，警方很快就認定了一個犯罪嫌疑人，並將其逮捕。在審問他時，警官發現他是一個聾啞人，便對其進行了書面盤問，書面盤問結束後，警官沉思了片刻，對嫌疑人說了一句話，便立即發現嫌疑人是偽裝成聾啞人的罪犯。你知道警官說的是什麼話嗎？

02 久違的邀請

安娜聽完，只思考了幾秒鐘就說出了答案。陳朗聽完哈哈大笑，說道：「安娜妳果然是我要找的人。現在我正式邀請妳加入C偵探事務所，當我的助理。」

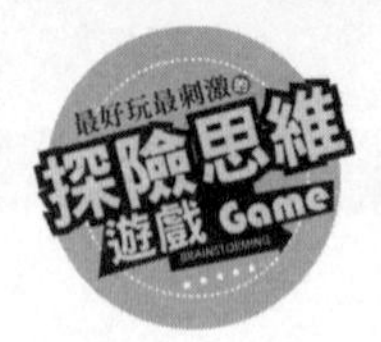

安娜做夢都想成為大偵探，沒想到機會竟從天而降。陳朗看著安娜驚訝的表情，將事情的來龍去脈告訴了她。

原來，陳朗研究生剛剛畢業，本來計劃要去非洲做語言研究的，但是陳朗的父親卻極力建議他創辦自己的偵探所。陳朗的父親是一名員警，父親認為陳朗的學識足以勝任偵緝工作，並且陳朗擁有偵探的聰明頭腦。

「原來如此，那為什麼會找我呢？」安娜問道。

「因為妳的推理能力很不錯，再說妳不是也希望破獲真正的案件嗎？」陳朗理由充分。

「你剛剛的一題是在考驗我吧，那現在有沒有真正的案件需要處理呢？」安娜有些迫不及待了。

「沒錯，現在就有一個令人頭痛的案子。」陳朗說，以下是案件的主要情況：

有一家大型連鎖商店被盜，員警經過偵查，拘捕了三個重大嫌疑人：阿七、龍哥和白山。經過審問，得出以下結論：

（1）罪犯帶著贓物是坐車逃跑的。

（2）如果沒有阿七做同夥，白山絕不會作案。

（3）龍哥不會開汽車。

（4）罪犯就是三個人中的一個或一夥。

那麼，在這個案子裡，阿七有罪嗎？

03 加油站慘案

自從安娜成為陳朗的助手以後，她發現生活中的祕密並不比野外叢林少，重要的是要有善於發現的雙眼和敏捷的頭腦。

這一天，她隨陳朗來到警察局審訊室，這是她第一次以偵探助手的身分來旁聽審訊。只見一名青年男子坐在審訊桌旁，向員警陳述他的遭遇：

「在加油站附近我看到一輛車停在路邊，仔細一看原來是我朋友的，我想和他打個招呼，走近一看，他趴在方向盤上，燈光比較昏暗，我把頭伸進車窗內，才發現他背部充滿了血跡，已經死了。我當時嚇得幾乎昏了過去，一句話都說不出來，這時，站長揪住我說：『人是你殺的。』可是我並沒有殺人啊。」

聽完此人的陳述，陳朗對警長說可以把這個人放了，但應立即派人去逮捕加油站站長。你知道為什麼嗎？

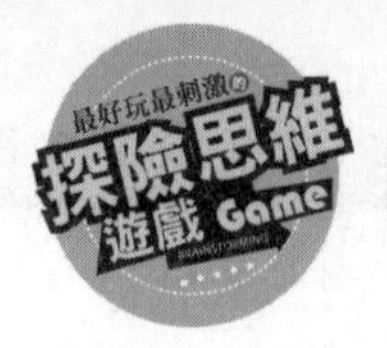

詐騙集團

在從警察局回去的路上，陳朗邊開車邊向安娜解釋了剛才的案件，安娜聽完恍然大悟。隨後陳朗回憶起一件他開車時遇到的趣事：

一天晚上，陳朗開車去看朋友，路上遇到一個漂亮的小姐請求搭車。陳朗答應了，但開了不到1公里，就有一輛車從後面追了上來。女子回頭去看了一眼，突然大聲喊叫：「追來的是我那喪心病狂的丈夫，他會殺了我們的。」

出於職業敏感，陳朗覺得此事很蹊蹺，加上天黑路也不熟，他索性把車停在了路邊。很快的，後面的車追了上來，一個男人從車裡跳出來，對陳朗大喊大叫。陳朗知道自己遇到了一個詐騙集團，他很平靜地指出了他們的破綻，這對男女看到詭計敗露，一溜煙就不見了。

「安娜，你知道我當時是從哪裡看出來破綻的嗎？」陳朗問道。

安娜托著下巴，陷入沉思。那麼，你猜到答案了嗎？

05 自殺還是他殺

判斷案件是自殺還是他殺，是偵破案件的基礎。只有弄清楚這個問題，才會讓案件水落石出。這一天，安娜就遇到了這樣一個難題：

一個叫曉青的女子死了，死因是煤氣中毒。她的室友小孫和小周受到了員警的傳訊。

小孫說：「如果這是謀殺，那一定是小周幹的。」

小周說：「如果這不是自殺，那就是謀殺。」

員警做了如下的假設：

（1）如果小孫和小周都沒有撒謊，那麼這就是一起意外事故。

（2）如果小孫和小周兩人有一個人撒謊，那麼這就不是一次意外事故。

最後的事實顯示，這些假設是正確的。

那麼曉青的死究竟是意外事故，還是自殺，甚至謀殺？

尋找真相

實話實說是做人的基本守則，但是安娜發現，在偵破案件的過程中，犯罪嫌疑人為了逃避責任，總是會說一些對自己有利的謊言。而尋找真相就變得越來越困難。

有這樣一個謀殺案，嫌疑人的謊話為偵破案件增加了很大難度：

林先生、徐先生和何先生因為宋小姐被謀殺而受到傳訊。犯罪現場的證據顯示，有一名工程師很有可能參與了對宋小姐的謀殺。這三個人中一定有一個人是謀殺者。每一名可疑對象都做了兩則供詞：

林先生：（1）我不是工程師，
（2）我沒有殺宋小姐。

徐先生：（3）我是個工程師，
（4）但我沒有殺害宋小姐。

何先生：（5）我不是工程師，
（6）有一個工程師殺了宋小姐。

員警最後發現：

1. 上述六則供詞只有兩則是實話。

2. 這三個可疑對象中只有一個不是工程師。

那麼，真相到底是怎麼樣的呢？

07 案發時間

這些天來，安娜經常因為尋找案件線索而熬夜查資料。這一天夜裡，她突然聽到一聲慘叫聲，這聲音似乎是從鄰居家傳來的。第二天一早便有警車停在樓下，她看到很多附近的居民都在圍觀，原來昨晚鄰居家發生了謀殺案，尖叫是受害者發出的最後一聲。員警向鄰居們瞭解案件發生的具體時間。

一位鄰居說是12：08，另一位老太太說是11：40，對面的超市老闆說他清楚地記得是12：15，還有一位女士說是11：53。但這四個人的錶都不準，其中一個慢25

分鐘，一個快10分鐘，一個快3分鐘，最後一個慢12分鐘。

安娜瞭解情況後，很快就跟員警說明了確定的案發時間。你知道是幾點嗎？

08 偷郵票的人

一天，陳朗接到收藏家陶大宇打來的電話，說自己珍藏的「中世紀教堂」系列郵票被盜走了。陳朗和安娜立即趕到陶大宇家裡。陶大宇告訴陳朗，自己把「中世紀教堂」系列郵票和其他珍貴郵票都放在收藏室的玻璃櫃裡。

今天上午家裡來了個叫馬昌的客人，陶大宇陪他去參觀郵票。沒想到，馬昌突然從後面打昏了陶大宇，並撬開櫃子，盜走了「中世紀教堂」系列郵票。等陶大宇醒來時，馬昌已經逃之夭夭了。

安娜和陳朗仔細查看了玻璃櫃，看到裡面放了很多

珍貴的郵票，只有一塊地方是空的，那裡應該就是原來放「中世紀教堂」系列的地方。而在櫃子上還有好幾處被撬開的痕跡，看來這個竊賊花了不少工夫。

陳朗直起身子，問道：「你為『中世紀教堂』系列郵票投過保嗎？」

「當然，這可是世界最珍貴的郵票，價值連城，所以我為它投保了50萬的保險，有什麼問題嗎？」

陳朗說：「我說你是打算騙取巨額保險金，你不會反對吧？」

你知道陳朗是怎麼判斷的嗎？

09 被狗咬傷

安娜養了一隻白色的狗，狗的體型雖大，但脾氣溫順，從不咬人。

這一天晚上，安娜正在屋子裡看書，突然響起了一陣急促的門鈴聲，她趕緊去開門。進來的是隔壁的楊太太，她可是遠近聞名的潑婦。

只見她氣勢洶洶地指著安娜嚷道：「妳太可惡了！自己的狗也不管好！牠咬我了！」

安娜感到莫名其妙，因為她的狗今天一直都蹲在她腳邊。於是，安娜問楊太太道：「什麼時候咬的？咬在哪裡？我怎麼沒看見傷口？」

楊太太說：「就在剛才經過妳家門口時。」說著把她的褲子拉得高高的。安娜這才看到，楊太太的膝蓋上有一處傷口。

安娜一下子就看出楊太太在說謊。你知道安娜的證據是什麼嗎？

10 無名屍之謎

「鈴鈴……」警察局長打電話給陳朗，請求他協助偵破一起無名死屍案。原來，這具無名屍是在一個小鎮旁的一個水塘中打撈上來的，屍體已經腐爛，面容無法辨認。

當時正值盛夏，員警只好把屍體送到火葬場焚化，留下的僅有幾幅照片和簡單的驗屍記錄。隨同屍體打撈出來的其他一些物品，顯示死者應該是本地人。

「咦，你看這具男屍的骨頭上有一些明顯的黑色斑塊。」

看照片的安娜有了一個新發現，這引起了陳朗的注意，他問警察局長：「這附近有沒有煉鉛廠之類的冶煉工廠？」

得到肯定的回答後，陳朗果斷地說：「局長先生，您儘管派人去煉鉛廠所在的地區去調查好了。死者生前很可能是那裡的人。」

警察局長按照陳朗的指點，果然在某煉鉛廠查到了無名屍的姓名、身分，並以此為線索迅速破了案。

那麼，陳朗是依據什麼從骨斑中判斷出死者身分的呢？

偽造的手印

一天，安娜隨陳朗來到一所發生兇殺案的公寓，死者是一名畫家，他在自己的臥室被人刺死了。臥室的牆壁上清晰地印著一個鮮紅的手印，五個手指的指紋都清晰可辨，連手掌的紋路也很清楚。看起來是兇手逃跑時，不小心把沾滿血的右手按到牆壁上。

安娜急忙協助現場的員警小心地收集牆上的指紋。陳朗仔細觀察了一下，笑著對安娜說：「妳還是看看有沒有其他線索吧！」但是安娜依然小心翼翼地做著自己的工作，頭也不抬地說：「這些指紋難道不是重要的線

索嗎？」

陳朗聳聳肩：「但這個血手印很可能是罪犯偽造的，目的就是要誤導警方。」

安娜轉過臉，好奇地問：「你怎麼知道的？」

陳朗說道：「妳試著用右手在牆上印個手印，就知道了。」

你知道陳朗是怎麼看出手印有問題的嗎？

12 他在說謊

陳朗接到警方的電話，說有一個經常在野外進行地質考察的學者，在草原考察時意外死亡了，請他前去協助調查。

陳朗和安娜到達現場後發現：學者躺在大樹底下搭的帳篷裡，一個年輕的學生正在回答警方的詢問，他說自己和老師一起出來考察，昨天晚上住在這裡，結果今

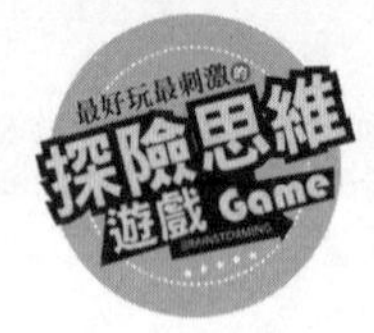

天早上發現老師死了。

法醫判斷學者是誤服了毒蘑菇身亡的。可是陳朗卻認定這個學生在說謊，你知道他是怎麼得出這個結論的嗎？

13 音樂家家中的爆炸案

這一天，音樂家愛琳的家中發生了爆炸案，所幸她自己沒有受傷。愛琳是安娜最喜歡的音樂家之一，聽說她家出事故了，於是安娜第一時間與陳朗來到案發現場。

他們發現，爆炸的是一個玻璃杯，裡面裝了一些火藥。可是讓人奇怪的是，室內沒有任何火源，也沒有發現引爆裝置。

愛琳說自己當時正在練習一首小號曲，當吹到高音部分時，就發生了爆炸。陳朗仔細觀察了一下爆炸殘留物，馬上就知道兇手是如何引爆的。

請問兇手是如何引爆的呢？

14 最後的遺言

這天清晨，有位過馬路的男子，被一輛疾馳而過的轎車撞倒在地。轎車司機見附近行人稀少，也不下車查看和救援，扔下那個受傷的男子，絕塵而去。那男子被救護車送往醫院，然而他只說出肇事車的車牌號是「6198」便斷了氣。

員警很快就找到了那輛轎車，可車主辯解說自己的車子出了故障，從昨天開始就在修理廠裡，無法外出。他還說出自己不在現場的人證，所以員警也束手無策，只好打電話給陳朗。

陳朗瞭解完情況，很快就有了答案，他在筆記本上寫了四個數字，安娜看完恍然大悟。員警按照陳朗的指示，很快就找到了肇事車輛和司機。你知道陳朗是怎麼破案的嗎？

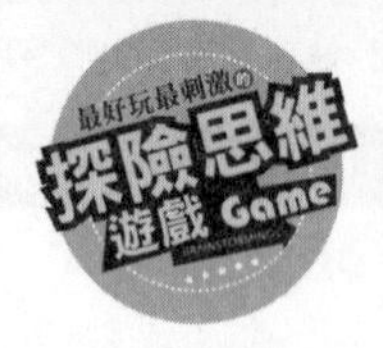

博物館的竊賊

這一天難得沒有案件要偵破，安娜在C偵探事務所整理案宗，看到陳朗在去年偵破的一個案件：

一件名貴的藝術品正在博物館展出，恰巧這幾天天氣晴朗，不少遊客都趕去參觀．快休館的時候，一個竊賊也混了進去。他背著照相機，拿著一把雨傘，趁人不注意的時候躲到大廳的樓梯間裡。到了下班時間，竊賊聽到大廳裡沒有動靜了，便躡手躡腳地鑽了出來，從雨傘的傘柄中取出開鎖的工具，接著又從照相機套子中取出贗品。此時，外面恰巧下起了大雨，風雨聲遮蓋了一切聲音，小偷便趁機弄開展櫃，換下真品，然後將一切恢復原狀，又躲進了樓梯間。

第二天一早雨還在下，博物館裡的人比昨天少了一些，竊賊從樓梯間溜了出來，他看到遊客們正在欣賞贗品，不由得暗暗發笑，可是他撐開雨傘準備走出博物館大門時，卻被前來參觀的陳朗擋住了，陳朗問他昨天晚

上躲在博物館裡做什麼？

竊賊做賊心虛，解釋不清，陳朗立刻說：「跟我去趟警局吧！」

安娜看到這裡，不禁感到好奇，為什麼剛剛來到博物館門口的陳朗就猜到了竊賊圖謀不軌呢？竊賊的破綻在哪裡呢？

你知道陳朗是從哪裡看到竊賊的破綻嗎？

16 時裝發表會的陰謀

周日這天，陳朗邀請安娜參加一個時裝發表會，令安娜興奮的是，著名模特兒安妮也出席了發表會，並做了精采的走秀表演。

正當時裝發表會後安妮準備接受媒體拍照時，攝影棚的電路系統忽然遭到破壞，全場陷入一片漆黑之中。緊接著，黑暗中傳來一聲槍響和一聲慘叫。

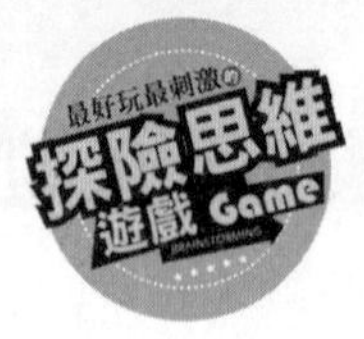

人們點燃蠟燭時，發現安妮已倒在血泊中。經警方勘查，安妮是心臟部位中彈致死，兇手用的是狙擊槍。經過調查發現有四位與安妮有關係的嫌疑人。

某藝術家，性格孤僻，追求安妮卻被拒絕，所以對其一直懷恨在心。

某化妝師，和安妮的關係不錯，與安妮正在交往中。

某富家子弟，安妮的狂熱追求著，妒忌心較強。

某公司總裁，以前安妮是其情人，已有一陣子沒有往來。

兇手就在這四個人中間。

陳朗仔細查看了安妮的屍體，對安娜說：「我知道誰是兇手了。」

那麼，究竟誰是兇手呢？

17 情侶的陷害

這一天安娜乘坐地鐵旅行，她剛來到地鐵月台，發現這裡的月台是沒有護欄的，這時一列地鐵列車進站了，安娜突然聽到一聲悶響，這時她才發現站在她旁邊的一位中年人不知何時已被人推下月台，只在一瞬間，中年人已經被高速駛來的地鐵列車撞死了。

員警趕到現場後，查出這名中年人是當地一位富商。員警將凡是靠近過富商的旅客均帶到警察局接受調查。可是，因為當時月台上的旅客很多，誰也沒有注意到富商被推下月台的細節。

正當調查毫無頭緒時，一位女士自稱出於良心和正義，指證她的男友故意將中年人推下月台。站在旁邊的安娜從這個女士的眼神中看出了她對男友的仇恨。

這個女士說與男友剛經過一場激烈的爭吵，隨後決定分手，男友到地鐵站送她離開。

進月台時，男友遇見富商，互相勉強點頭，可以看出他們是心存芥蒂的舊識。她說列車經過時，列車的強大風力將她吹得向後倒去，就在這一剎那，她看見男友用右手猛推富商背部，導致富商跌下月台被列車撞死。

安娜聽完她的敘述後，終於沉不住氣，對員警說：「她在陷害她的男友！這是在犯罪！」

那麼，安娜的判斷是否正確呢？她的根據是什麼呢？

18 案發現場的疑點

太陽剛剛升起，警察局長就打電話來：「陳朗，帝國花園發生了命案，請你過來幫我們看看。」

「帝國花園是小戶型的電梯公寓，一共有8層，每層有兩間房屋，當初是專為單身上班族設計的。」警長一邊陪同陳朗和安娜上電梯，一邊說明案情。

「死者叫張可，住在8樓，是一家IT公司的網路系統管理員，今天早上清潔人員過來收拾東西的時候，發現

他躺在床上還沒有上班，想叫他起來，才發現人已經死了。」說著話，電梯已經到了8層。他們進入死者居住的房間，屋子裡非常整齊，沒有任何打鬥過的痕跡，而死者安詳地躺在床上。

警察局長疑惑地說：「從現場來看，不像是謀殺，但是經過現場初步檢查顯示，發現死者有血液中毒跡象。而且死者平常性格樂觀，應該沒有自殺的傾向。」

安娜看到書桌上有一台筆記型電腦，於是將其開機，希望能找到些有用的線

索，可是沒有找到任何跟死亡有關的資訊。

「還有其他的線索嗎？」陳朗問。

警察局長說：「我們也詢問了附近的居民和物管人員，死者平時工作繁忙很少外出，通常在早上10點出門，晚上12點半回家。住在他家對面的老人能證明。這老人晚飯後是不會出門的，因為晚上12點電梯就關閉了，因此12點半左右，老人總會被他的腳步聲吵醒。不過，昨天的情況有些特別，夜裡12點半左右，老人也聽見有人走上樓梯，重重地跺了兩下腳，過了一會兒，就聽見了『哎呀』一聲，然後是開門的聲音。不過，據老人說，腳步聲和哎呀的聲音應該都是死者發出的。」

現場調查告一段落了，下午的驗屍報告證實死者是中毒而死，他的右手食指上有一道被利刃割破的傷口，毒素就是從這裡進入血液的。現場餐桌上的刀和檸檬上

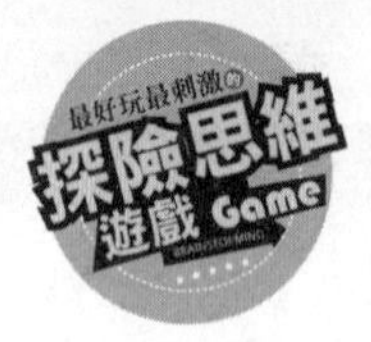

有些許血跡，並且在血跡中發現了跟死者血液中相同的毒素。

一切證據顯示，死者極有可能是在切水果的時候不小心把手指割破，意外染毒而死。當天晚上警方準備就此結案了，警察局長已經寫好了調查報告，這時候，陳朗卻打電話來說：「警長先生，我發現了幾個疑點，現場現在應該還在保護之下吧，請你們到現場調查一下。」仔細地勘查陳朗提出的疑點後，警方發現死者果然是被謀殺的。

那麼，兇手為陳朗留下了什麼疑點呢？

19 老闆娘之死

酒吧的老闆娘梅姐昨天晚上被人殺害了，時間約在8點，距現在正好24小時。員警對此案毫無頭緒，只好請來陳朗幫忙。

陳朗和安娜經過仔細勘查發現，兇手可能是用細繩之類的東西勒死梅姐的，不過現場並無兇器。

發現屍體的是大廈管理員偉叔，他說：「剛才我到樓上去，發現梅姐的門沒鎖，就推門進去，看到梅姐靠在沙發上。我以為她睡著了，就搖搖她，結果她沒反應。我把她的頭抬起來一看，才發現她死了。我就趕緊打電話報警。」偉叔還告訴陳朗，梅姐有個男朋友，是酒吧的服務生耀漢。於是耀漢也被叫去問話。

耀漢供述說：「昨晚9點多我去找她，結果發現她已經死亡。我怕被人懷疑，所以就趕快離開了。其實她還有另一個男朋友，你們為什麼不去調查他？」

耀漢所說的另一個男友阿森，是個俊朗的建築師。面對陳朗的問話，阿森說：「昨晚10點以前我都在咖啡廳，大概11點左右回家，你們還要我提供什麼線索嗎？」

聽了他們三個人的供詞，陳朗說：「你們三人當中有一個人在說謊！」

說謊的人是誰呢？

誰是罪犯

這一天，安娜手持一份案件的卷宗走進了陳朗的辦公室，「這個案子的案情是這樣的：4月14號晚上12點，位於劇院附近的一家超級商城被偷竊了大量的貴重物品，罪犯帶著贓物開車離去。現已捕獲了小李、小王、小張三名嫌疑人！」

陳朗讚賞地看了安娜一眼，翻開了案卷，只見安娜在一張紙上寫著：

1. 除小李、小王、小張三人外，已確證本案與其他人沒有牽連。

2. 嫌疑犯小張假如沒有嫌疑犯小李做幫兇，就不能到那家超級商城盜竊。

3. 小王不會開車。

那麼，你能否推斷出小李犯有盜竊罪？

21 公寓旁的兇殺案

一天上午，在某十字路口的一棟公寓旁的電線杆上有一具死屍，經查看是剛被吊死的，相關人員在這棟公寓裡找到幾位嫌疑人，經過調查，發現其中一位是兇手。陳朗和安娜聞訊趕來，正好聽到幾位業主的供詞：

1樓的說：「我剛才在洗澡，並沒有去哪呀。」

2樓的說：「我剛才在洗碗的時候，就聽見有人在喊叫，出去一看才知道是有人被吊死了。」

3樓的說：「我剛才在上網，和朋友聊著聊著，就看見一雙腳在晃動。」

4樓的說：「我們不在家，只是剛回來而已。」

5樓的說：「我和爸爸在玩，到大廳時，就看見一個人穿著衣服在外面。」

6樓的說：「哎呀，太可怕了，我忽然看見一顆頭吊在外面。」

陳朗聽完，嘴角上揚，似乎已經有了答案。於是他對其中一位業主說：「你就是兇手。」

那麼，你猜出來到底誰是兇手了嗎？

22 大學生之死

某校一名歷史系的大學生被人殺害，員警在案發地點找到了死者遺言，只有兩個數字：72。

經過調查，確認4名同學為犯罪嫌疑人：洪超（物理系），馬冠（化學系），柳真（生物系），韓豐（政治系）。

瞭解完案情後，陳朗緊鎖眉頭一言不發，旁邊的安娜暗自思忖，她認為這件案子十分離奇，並且沒有足夠的證據和資訊來獲得線索，因而不禁為陳朗擔心起來。不過很快，陳朗就舒展了眉頭，然後說出了兇手的名字和推理過程。兇手聽完不得不低頭認罪。

那麼，你能根據死亡資訊來推理出兇手是誰嗎？

23 禍起蕭牆

家庭本是心靈的港灣，是最溫馨的地方。但如今家庭兇殺案卻也屢見不鮮。這一天，安娜就見識了一起發生在家庭中的兇殺案。

根據調查，這原本是一個溫馨的四口之家，但是在這一對夫婦和他們的一兒一女中，有一個人殺死了另一個人，第三個人是謀殺的目擊者，第四個人是從犯。此外，這四個人中：

（1）從犯和目擊者是異性。

（2）年齡最大者和目擊者是異性。

（3）年齡最小者和死者是異性。

（4）從犯比死者年齡大。

（5）父親年齡最大。

（6）兇手不是年齡最小者。

根據以上資訊，你知道在這四個人中，誰是兇手嗎？

哪一個是兇器？

在一個寒冷的早上，警方接到目擊者報案，一具屍體在郊外的一棵大樹底下被發現。

警方在死者身旁發現了4件物品：一塊堅硬的石頭、一把匕首、一根粗麻繩、一瓶毒藥。經過檢查，死者前額有一個被撞擊後產生的傷口，死因是失血過多。

陳朗來到現場後進行了仔細檢查，他發現死者頭上的傷口沒有泥土，也沒有被匕首割傷的痕跡。脖子上也沒有被麻繩勒過的印跡，經過驗屍也沒有中毒的跡象。

那麼，死者究竟死於以上4件物品中的哪一件呢？

25 職業特性

成為偵探助理後，安娜發現一個規律：酒店是兇殺案比較容易發生的一個場所。這天，在一家豪華酒店裡，又發生了一起兇殺案，而且案情十分離奇。

服務員在酒店客房裡發現了一具屍體，死者在他所住的反鎖的房間裡被殺害了，左眼被毒針刺傷。

但經警方多方面調查，發現門鎖並未被破壞，而案發現場的窗戶也是關著的。現場並沒有發現毒針之類的兇器，因此可以排除死者是死於自殺的可能。

正當偵破案情進陷入瓶頸，毫無頭緒的時候，陳朗從員警那邊瞭解到這個死者的身分，原來他是一名職業記者。陳朗仔細思考後，終於明白兇手是如何殺死這名記者的了。

那麼，你能猜到真相嗎？

26 做偽證

這天，安娜正在繁華的購物街上閒逛，恰好遇到員警正在處理一樁搶劫案，出於好奇，她躲在不遠處偷偷觀看。

「我正站在商店門口，等我丈夫開車接我回家，突然有個人衝了過來，一把搶走了我的錢包，當時我只看到了他的背影。」

安娜聽到一個中年女性正在向員警敘述自己的遭遇。隨後，員警找到了一個目擊證人，他說自己當時正坐在旁邊的一張長椅上。

「這位太太站在我前面大約兩公尺的地方，拿著好幾個購物袋，還有她的錢包。我看到一個穿著牛仔褲和風衣的大塊頭搶走了她的錢包，並且拉開了旁邊的逃生門，之後便消失在大樓裡了。」

員警聽完證人的話後，當即便把他抓了起來，並在這個證人的汽車裡找到了被搶走的錢包。

安娜看到這裡覺得很奇怪，為什麼員警聽完證人的敘述後就認定他是劫匪呢？

27 偽造的遺書

安娜最近在為一件事煩惱，陳朗看她天天悶悶不樂的樣子，就問她發生了什麼事情。於是安娜就向他述說了她的好朋友麗麗家的煩心事：麗麗的父親因交通事故住院，上星期不幸去世了。

在葬禮之夜，麗麗的伯父，也就是死者的哥哥拿著麗麗父親的遺書，提出要分得一半財產。遺書是去世的前兩天寫的，內容大意為：生前多蒙哥哥照料，現將我財產的一半饋贈於哥哥作為報答；唯恐兒女反對，故立此遺言。

麗麗的父親負重傷後就臥床不起，她的伯父說這份遺書是她父親在他一人去探視時寫的，沒有第三個人在

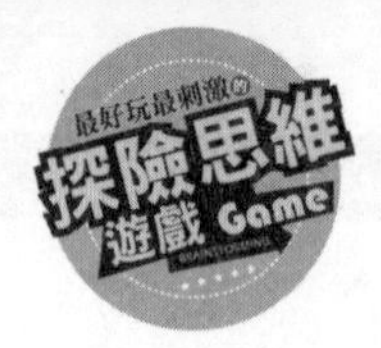

場。因為不能坐起來，所以是仰面躺在床上用普通的圓珠筆寫的，上面的字歪歪扭扭，無法跟之前的筆跡相比較，但這樣一來也無法判斷遺書的真偽了。

陳朗聽完，從桌上拿起一支圓珠筆，對安娜說：「妳說的是這種筆嗎？」

安娜說：「是的。」隨後她看到陳朗右手拿著那支圓珠筆，左手拿著紙仰面朝上寫了一會兒。突然，陳朗轉過頭露出狡黠的笑容，對安娜說：「我敢肯定那份遺書是偽造的。妳快去告訴你的朋友，要她不要上當。」

安娜感到十分驚訝，陳朗都沒看過那份遺書，怎麼能知道那份遺書是偽造的呢？

28 犯罪嫌疑人

近日，陳朗一直在調查市長被害的案子。這天傍晚，他和安娜驅車來到海邊的港口，在一隻帆船上找到了重

要嫌疑人丁雷，他是市長的大學同學。當丁雷聽到市長被人殺害後，驚訝得嘴裡的菸斗差點掉下來。

「出事的時候，也就是那天下午兩點到四點，你在什麼地方？」

丁雷仔細思考了一會兒，說：「我記得那天天氣很好，中午12點我開船出海辦事，不料船開出兩個小時後，發動機就壞了。

那天海面上沒有一絲風，船上也沒有槳，我的船在大海上漂著，無法靠岸。危急中我在船上找到了一塊大白布，在上面寫上『救命』兩個大字，然後把桅杆上的旗子降下來，再把這塊白布升上去。」

「哦？」陳朗饒有興趣地問，「有人看見它了嗎？」

「說來我也算幸運的。大概20分鐘後，就有人開著汽艇過來了，那人說，他是在3英里外的海面上看見我的呼救信號的。後來他就用汽艇把我的船拖回了港口，那時已經接近黃昏了。」丁雷笑著說道。

但陳朗下面的話卻令他再也笑不出來了：「丁雷，如果現在方便的話，請馬上隨我到警察局走一趟。」

丁雷的臉刷的一下變白了，問：「這是為什麼？」

那麼，你知道這是為什麼嗎？

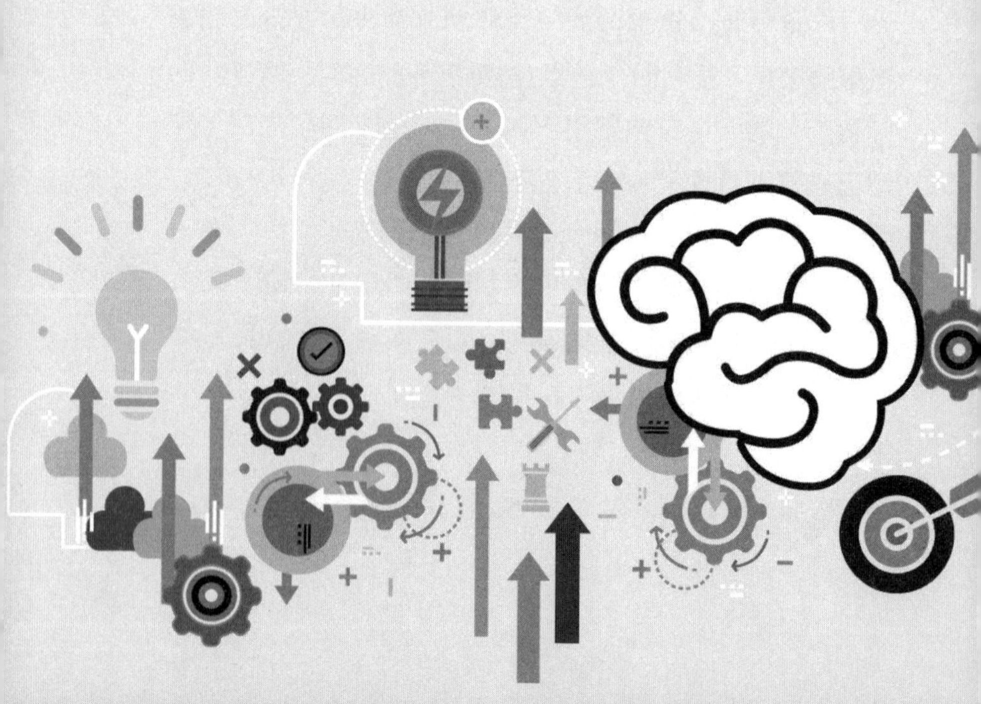

第一章：解答

01. 神祕的電話號碼

現在的電話號碼是8712。

02. 多餘的登山鞋

爺爺的辦法是將一隻登山鞋藏在一個地方，另一隻藏在另外一個很遠的地方。因為一隻鞋子很可能被人發現，但不太可能一雙鞋子都被一個人找到，既然一隻鞋子沒有什麼用途，被拿走的可能性就比較小。

03. 滑到山頂

這座山是在海底下的，是自然的浮力把這個人提升到了山頂。

04. 老人指路

老人反覆強調的是，他的頭在石頭上面，即「石」出頭，「石」出頭即為「右」字，所以羅隊長應往右邊走。

05. 奪命的山澗

需要探險隊員相互配合過山澗：一個人可以把木板向山澗的一端伸出一部分，並站在木板的另一端壓住。另一個人可以把木板搭在自己的一方與對方的木板之間，就可以從容過山澗了。然後他可以壓住木板，讓對方過山澗。

06. 野炊分工

大劉洗菜，小田淘米，小張燒水，安娜挑水。

07. 尋找水源

各從井中打出一杯水，分別往杯子裡加幾滴水，看水滴是否和杯子中的液體混合在一起，能混合的即為水。

08. 取藥丸

安娜把瓶塞按到了藥瓶裡面，就順利地取出了藥丸。

09. 小船過河

他們要往返六次。

第一次，兩個孩子乘小船到對岸，由一個孩子把船劃回探險隊所在的地方（另一個小孩留在對岸）。

第二次，把船划過來的孩子留在岸上，一個人划小船到對岸登陸。在對岸上的孩子把船划回來。

第三次，兩個孩子坐船過河，其中之一把船划回來。

第四次，第二個人坐船過河。小船由小孩划回來。

第五次，同第三次。

第六次，第三個人過河。小孩把船划回來。這時三個人都能順利到達對岸。

10. 有多少獵物

野兔有12隻，山雞有23隻。

11. 河裡的水草

因為小夥子當年跳到水裡找女友的時候，自己的腿被一些東西纏住了，就拼命地蹬，總算掙脫了那些東西。他當時以為那是水草，現在終於明白那是女友的長頭髮。所以他十分悔恨，就跳河自殺了。

12. 誰出汗多？

兩隻狗都不出汗。狗的皮膚汗腺不發達，所以即使是在大熱天或運動後，也不會出汗。狗經常伸出舌頭喘氣，讓體內部分水分由喉部和舌面排出，這是狗散發體內熱量的一種方式。

13. 風吹蠟燭

答案：燃著的蠟燭最終將會燃盡。所以，最後只能剩下五根被風吹滅的蠟燭。

14. 枯井難題

8次。

不要被題中的枝節所蒙蔽，每次上跳3公尺滑下2公尺，實際上就是每次跳1公尺，因此10公尺花10次就可全部跳出，如果你這樣想就錯了。因為跳到一定時候，就出了井口，不再下滑了。

15. 洞中救鳥

用沙子慢慢地將洞灌滿，這樣小鳥就會隨著沙子的增多而回到洞口。

16. 古老的墓碑

84歲。假設墓碑的主人的年齡為X歲。根據碑文很容易列出方程：X=X/7+X/4+5+X/2+4，即可解得X=84。

17. 與死神擦肩而過

爺爺提議，留下的一句話是：我們將被五馬分屍。這樣一來，若為真則會燒死為假，若為假則五馬分屍為真。因此，兩種情況都矛盾，土著無論如何也不能處死他們了。

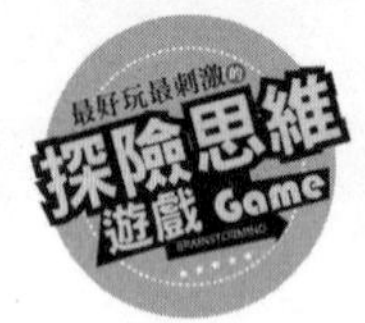

18. 土著村莊的病狗

有三隻病狗。

（1）如果只有一隻病狗，那麼有49個人看到這一隻病狗，而一人，也就是狗的主人，不知道自己的狗有病，所以他看到0隻病狗。

但是已知一定有病狗，那麼看到0隻病狗的人就應該推算出自己的狗有病，應該殺掉自己的狗，而其他人也就知道自己的狗沒病。

（2）如果有兩隻病狗，那麼有48人看到兩隻病狗，而兩位主人中只能看到對方的一隻病狗，但是第一天時不會殺狗，因為有兩人不能確定有幾隻病狗。

到第二天時，這兩位不幸的主人就知道自己的狗是病狗，因為他只看到了一隻病狗，如果真的只有一隻病狗，那麼第一天就應該被殺，現在都第二天了槍都還沒響，那就應該推算出自己的狗有問題了。

（3）如果有三隻病狗，同上推算出有47人看到有三隻病狗，三個主人中每個人都只看到有兩隻病狗，那麼第一天不會有槍聲，第二天也會很安靜。到第三天，看到有兩隻病狗的人就應該明白

自己的狗病了，道理同（2）。
由此類推，第幾天響起槍聲，就有幾隻狗有病；有多於三隻狗時，不會在第三天有槍聲。所以最終結論是有三隻病狗。

19. 哪裡的土著

B。所有因紐特人都穿黑衣服，但是這裡的土著不穿黑衣服，顯然可以推出這裡的土著不是因紐特人。因此，B必然正確。至於這裡的土著是不是北婆羅洲土著，都是有可能的。因此A、C、E都有可能正確，但不是必然正確，故排除。而D項為必然錯誤的答案。

20. 荒謬的規定

這條規定不可行。因為按照統計規律，全部女性所生的頭胎男女比例各占一半。如果母親生了男孩就不再生孩子，生女孩的母親仍然可以生第二

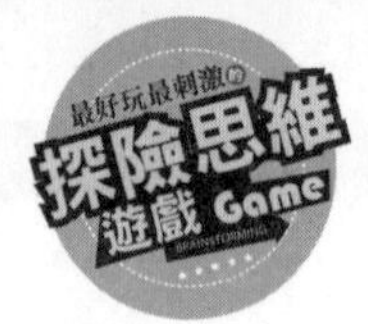

胎，比例是男女各占一半。這樣，將各輪生育的結果加起來的話，男女比例始終相等。當女孩成長為新的母親時，以上結論同樣適用。

所以這條規定根本達不到土著首領想達到的目的。

21. 糊塗的回答

老年人和年輕人是父女關係。之所以很多人對此題久思而未得其解，是因為陷入了邏輯思維障礙陷阱，錯誤地接受了題目的心理暗示，認為年輕人一定是位男性。其實題目中根本沒有任何條件規定年輕人必須是男性。

22. 機智救人

可以成功救人。因為水面一點也不會升高，冰塊融化成水的體積正好是它排開水的體積。而土著首領見到此人沒有被淹死，還以為真的是神靈原諒了他。

23. 遭遇「鬼打牆」

世界上當然不存在「鬼打牆」了。實際上，探險隊員們走了一個圈。人走路時兩腳之間有一定距離，大約是0.1公尺，每一步的步長大約是0.7公尺，由於每個人兩腳的力量不可能完全一致，所以邁出的步長也就不一樣。

如果是在白天的正常光線下沿直線行走，我們會下意識地調整步長，保證兩腳所走的路程一樣長。但是當在夜間行走辨不清方向時，就無意識調整步長，走出若干步後兩腳所走的路程的長度就有一定差距，自然就不是沿直線行走了，而是在轉圈。這就是傳說中的「鬼打牆」現象。

因此，爺爺讓大家有意識地調整自己的步長，儘量走直線。這樣，他們很快就到達了安全地點。

024. 斯芬克斯謎題

這種動物是人。早晨象徵人剛出生的時候，嬰兒是靠腿和手爬行走路的，所以早上起來的時候有

四條腿；中午象徵人長大後，是兩條腿直立行走的，所以中午有兩條腿；晚上三條腿是指人衰老的時候要借助拐杖走路，那麼這個拐杖就成了人的第三條腿。

25. 野熊出沒

這隻熊是白色的。原因是：地球不是正圓，而是橢圓的。根據萬有引力定律，離地心越近，地球引力越大。

地球上離地心最近的是兩極，也就是說，只有在兩極，熊才能在2秒鐘的時間裡落下20公尺，這在其他地方是不可能的。我們知道，南極是沒有熊的，而在北極只有一種北極熊，因此牠是白色的。

26. 安娜的反擊

這隻熊落下的速度如此之慢，只可能是充氣的玩具熊，內裝空氣，下落阻力約等於重力，所以要2分鐘。至於它的顏色就是任意的了，你喜歡什麼顏色，答案就可以是什麼顏色。

27. 幾條活蚯蚓？

有7條活蚯蚓，因為被切為兩段的蚯蚓都活著。

28. 蚯蚓爸爸的死因

爸爸無力地說：「突然想踢足球了。」

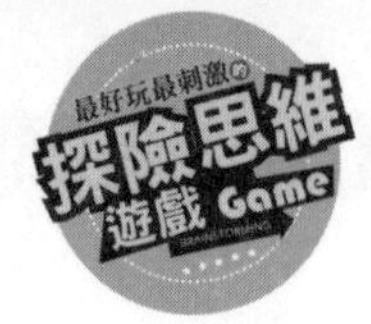

29. 跑得快的螃蟹

黑螃蟹贏，因為紅螃蟹已經被煮熟了。

30. 計算器壞了

倒著看，應該是1+5=6，但是6的右下部分無法顯示，所以變成了E。

31. 門上的女人臉

倒立的女人臉上眼睛畫錯了，上睫毛短，下睫毛長；同時嘴巴的上唇和下唇顛倒了。因此把女人臉正過來看時，她是怒目圓睜的，令人害怕。

32. 古堡探祕

這個人去世時是18歲。因為在西元紀年裡沒有稱為0年的年，而在生日前一天死去，在年齡上就又差一歲。

33. 藏寶圖在哪?

藏寶圖在書桌裡。

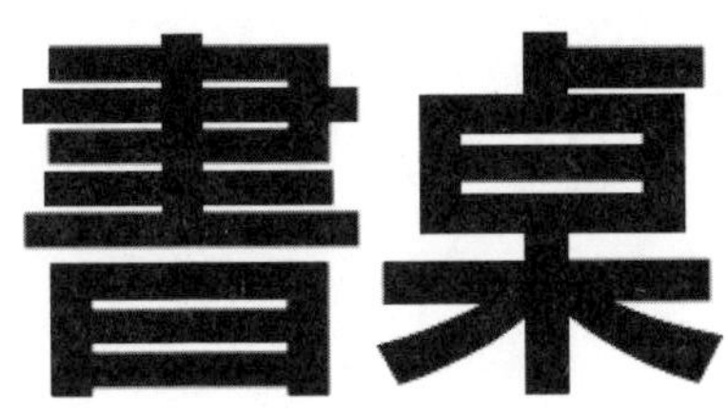

34. 古老的壁畫

C。第一個圖是逆時針轉，每轉90度箭尾加一橫；第二個圖也是逆時針旋轉，每旋轉90度，原有小圓的90度扇形加一個小圓，其他的90度扇形也加一個小圓。

第三個圖是在第二個圖的基礎上再轉90度，原有小圓的90度扇形再加一個小圓，其他90度扇形也同樣加一個小圓。因此，符合以上規律的選項只有C。

35. 寶物的擁有者

這本舊書的作者是岳飛。因為羅隊長說：「如果我不知道的話，陳朗一定也不知道。」所以名和姓一定有多個選擇，排除陳平和張良，把姓陳的和姓張的也同時排除。現在只剩下：趙括、趙雲、趙鵬、岳飛、岳雲這幾個人。

陳朗說：「剛才我不知道，聽羅隊長一說，我現在知道了。」所以一定還是將多選的那幾項排

除，也就是名字為「雲」的，剩下：趙括、趙鵬、岳飛。

最後羅隊長說：「那我也知道了。」說明這個姓絕對是唯一的。所以舊書的作者是岳飛。

36. 古希臘的傳說

露西是受害者。假設瑪麗是受害者，那麼露西的話雖然是關於受害者的卻又是真的，所以，瑪麗不可能是受害者。

假設瑞利是受害者，那麼瑪麗和勞爾的發言雖然是關於受害者的卻又是真的，所以瑞利不可能是受害者。

假設勞爾是受害者，那麼瑞利的話雖然是關於受害者的卻又是真的，所以勞爾不可能是受害者。

綜合以上可知，露西就是受害者。

37. 燒繩計時

第一步，同時點燃第一根繩的兩端和第二根繩的一端；第二步，第一根繩燒完後，點燃第二根繩的另一端；第三步，第二根繩燒完後，同時點燃第三根繩的兩端。第三根繩燒完時，結束，耗時30+15+30=75分，即1小時15分，計時完成。

38. 分蘑菇

陳朗的辦法是：讓安娜先將蘑菇平均分成兩份，然後由小田在兩份中挑走一份，剩下的一份就是安娜的。因為蘑菇是安娜分的，所以在她看來這兩份蘑菇是一樣多的。

而小田在這兩份中挑選，當然會選擇他認為比較多的那一份。反過來，如果由小田來分，安娜來選也是一樣的。所以二人認為這樣分蘑菇很公平。

39. 猜撲克牌

撲克牌的分布如下圖。

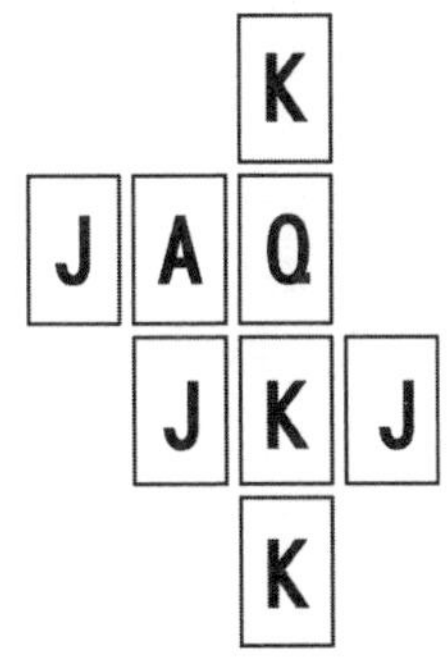

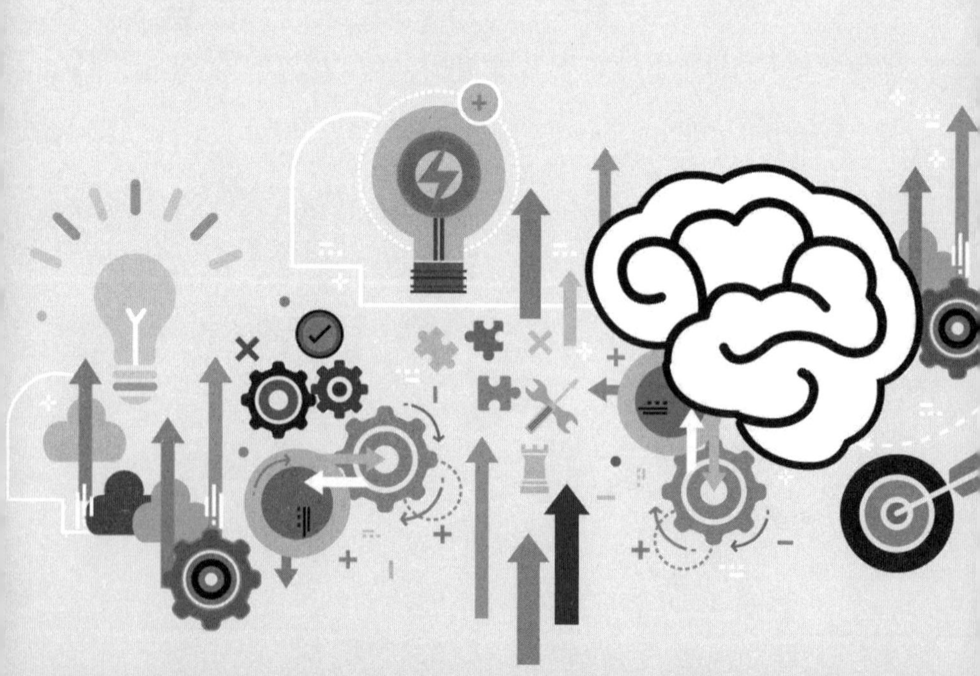

第二章：解答

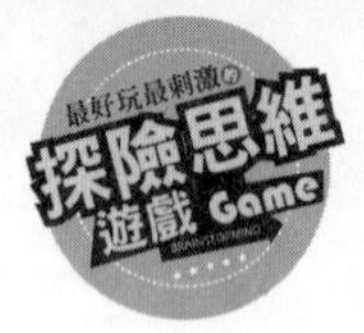

01. 生日派對

因為主演和導演要麼是親屬要麼不是親屬，所以結合條件1和2，可以推出導演或者是個歌唱家或者是位男士；同理，由條件3和4可以得出，導演或者是位女士或者姓王；由條件5和6，得出導演或者是個舞蹈家或者姓費。

這三個條件都是相容的選擇命題，都必須同時成立。如果導演是位男士，就可以推出導演姓王並且是個舞蹈家，即阿凱；這時結合題幹的六個條件就可以推出電影主演是費迪。

如果導演是位女士，那麼就可以推出導演是歌唱家並且姓費；這時結合題幹的六個條件也可以推出電影主演是費迪。

故選D。

02. 音樂家

楊倩是鼓手。

按姓名給出這四人的各種可能的坐法。然後確定

可以把哪些音樂專長分配給哪些人而不會與任何陳述發生矛盾。

四位音樂家的座位安排，有以下六種可能：1. ABCD 2.BCDA 3.CDBA 4.DBAC 5.ACBD 6.ADBC（A代表韓雪，B代表張放，C代表楊倩，D代表吳思嘉）

根據已知的4個條件，可以判斷每一個人的旁邊是誰，所以鼓手必定是楊倩。

03. 樂團助興

坐在鋼琴前的少女是姚想，拿長笛的少女是艾喜，拉小提琴的少女是姚夢，拿三角鈴的少女是艾樂。

如果「長笛」和「鋼琴」是姐妹的話，根據「鋼琴」的發言，「長笛」就是姚夢。「三角鈴」對不是姐妹的發言就變成了真話。這就相互矛盾了。所以「長笛」和「鋼琴」不可能是姐妹。

如果「長笛」和「小提琴」是姐妹的話，根據「三角鈴」的發言（假話），

可知「長笛」就是姚想。「長笛」對姐妹的發言

卻成了假話。這相互矛盾了。所以「長笛」和「小提琴」不可能是姐妹。
因此「長笛」和「三角鈴」是姐妹，「鋼琴」和「小提琴」是姐妹。
因為姚夢和姚想哪個都不是用長笛，所以她們是用鋼琴和小提琴的姐妹。因此姚夢是用小提琴，姚想是用鋼琴。那麼艾樂是用三角鈴，艾喜是用長笛。

04. 穿著怪異的人

麗麗只穿著小短裙。
假設在麗麗噴了香水的時候，如果友人的發言是「如果麗麗沒有噴香水的話，那麼她就是A」，那麼無論A是什麼，這都不被看作是謊言。麗麗有沒有穿著短裙、淡黃色上衣、淡黃色下裝的可能性有8種組合。用這些組合分別去對應四個人所說的話就可以很容易找到答案。
如果假設麗麗把這三件衣服都穿在了身上，那麼，就沒有撒謊的人了。並且，假設麗麗什麼也沒穿的話，撒謊的就只有小伊一個。
所以，正確答案為：麗麗只穿著小短裙。

05. 誰偷吃了蛋糕

丙偷吃了蛋糕。

假設是甲吃的，那麼丙、丁的話為真，甲、乙的話為假。

假設是乙吃的，那麼甲、丙、丁的話為真，乙的話為假。

假設是丁吃的，那麼乙、丙的話為真，甲、丁的話為假。

假設是丙吃的，那麼只有丁的話為真。

根據題意，只有一個人說了真話，所以是丙偷吃了蛋糕。

06. 話劇彩排

假設江雯在排練的時候扮演的是森林女巫，那麼林梅就是撒謊了，這不可能。

假設林梅在排練的時候扮演的是森林女巫，那麼依琳和孫芳芳之中至少有一個人是撒謊了，這不可能。

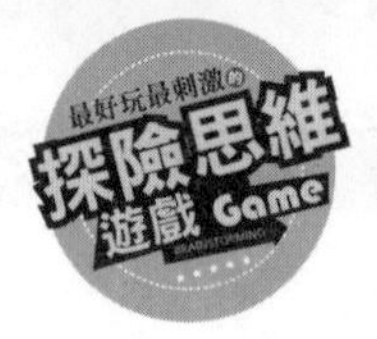

假設依琳在排練的時候扮演的是森林女巫，那麼真正演出時扮演女僕的就是孫芳芳了，而排練時扮演女僕的既不是孫芳芳也不是依琳也不是林梅（依琳的話是假的）更不是江雯（林梅的發言是真的），那麼就成了沒有人扮演這個角色了，這不可能。

所以，在排練時扮演森林女巫的應該是孫芳芳。

所以可透過四個人的發言歸結為下表：

	排　練	演　出
依　琳		
林　梅	A (不是女僕)	王　后
孫芳芳	森林女巫	A (不是女僕)
江　雯	王　后	

因此，A是白雪公主，依琳在排練時演的是女僕，而演出時演的是森林女巫。最後可知，江雯在演出時扮演的是女僕的角色。正確答案如下表：

	排　練	演　出
依　琳	女　僕	森林女巫
林　梅	白雪公主	王　后
孫芳芳	森林女巫	白雪公主
江　雯	王　后	女　僕

07. 看球賽

巴西獲得冠軍。

先假設阿凱正確，冠軍不是義大利就是德國；但這種假設不能否定李雲峰的看法，所以阿凱的評論不可能是正確的，因此冠軍不是義大利或者德國。如果冠軍是巴西的話，阿凱的評論就是錯誤的，李雲峰的評論也是錯誤的，安娜的評論就是正確的。

假設阿根廷是冠軍，那麼阿凱就說對了，同時，李雲峰也說對了，而這與「只有一個人的看法是對的」相矛盾。所以阿根廷不可能是冠軍，巴西獲得了冠軍。

08. 參觀景點

為了便於分析，我們把三個人的話簡化。設A代表艾菲爾鐵塔，B代表凱旋門，C代表羅浮宮，D代表巴黎體育大廈。那麼三個人的話可簡化為：

姑姑：有A，有B，沒有C。

姑夫：有A，有C，沒有B，沒有D。

表姐：有B，有C，沒有A。

假設姑姑說的「有A」是假話，則「有B沒有C」是真話。由此可推知姑夫至少說了三句假話，這不符合題意。

如果姑姑說的「有B」是假話，那麼可推知表姐的話全是假話，這也不符合題意。綜上分析可知姑姑說「有A和B」是真話，說「沒有C」是假話，所以有A、B和C；姑夫說「沒有B」是假話，說「有A和C，沒有D」是真話；表姐說「有B和C」是真話，「沒有A」是假話。

由上述推理可以得出結論：有A，有B，有C，沒有D，即三個人參觀了艾菲爾鐵塔、凱旋門和羅浮宮，沒有參觀巴黎體育大廈。

09. 圍巾謎題

A。張先生和王女士都沒買圍巾。

用假設反證法。如果條件（3）「這個旅行團的張先生和王女士都買了圍巾」為真，則條件（1）「有人買了圍巾」必為真，這與題目條件「以上三句話中只有一句為真」矛盾，故條件（3）為假，即：張先生和王女士至少有一人沒有買圍巾，進而推出條件（2）「有人沒有買圍巾」為真，進一步可知條件（1）「有人買了圍巾」為假，再進一步推出：所有人都沒買圍巾。

10. 表姐的心上人

表姐要求的全部條件是：高個子、英俊、博士。

由王曉民和田飛都是博士，再由只有兩個博士，推出：李成、劉壯不是博士，不符合要求。

由劉壯和李成身高相同，加上四位男士中有三位高個子，可知劉壯和李成不

可能是矮個子，那他倆都是高個子。

再由李成和王曉民並非都是高個子，而李成是高個子，推出王曉民一定是矮個子，不符合要求。這樣，李成、劉壯、王曉民都不符合要求，那只有田飛符合要求了。

	王	田	李	劉
高個 3	×	V	V	V
博士 2	V	V	×	×
英俊1		V		

11. 報名參加運動會

安娜是網球選手。

可以按姓名給出這四個人的各種可能的坐法。然後嘗試可以把哪些運動項目分配給哪些人而不會與任何陳述發生矛盾。

根據條件（3），這四個人的坐法有四種可能。根據條件（1）和條件（2），排除不可能的情況得出足球選手必定是小揚；而安娜是網球選手。所以正確答案為：安娜是網球選手。

12. 誰預測錯了？

甲預測錯誤。

假設是乙預測錯誤，那麼乙就是最後一名，但是丁又表示他是最後一名，所以乙正確。

假設是丙預測錯誤，那麼丙要麼是第一名，要麼是最末；但是這又表示甲和丁預測正確，這就是說第一名是甲，最後一名是丁；所以丙也正確。

假設是丁預測錯誤，那麼丁就不是最末；但這又表示甲是第一，乙和丙分別是第二、三名，那麼丁就是最末。如果這樣的話，丁預測的就是正確的，所以丁也正確。

那麼答案就是甲預測錯誤。

13. 二次參賽

安是今年的冠軍。

從一個人必定勝的比賽場數，判定在去年聯賽中每一場的勝負情況；然後判定哪一位選手在兩場聯賽中輸給了同一個人。

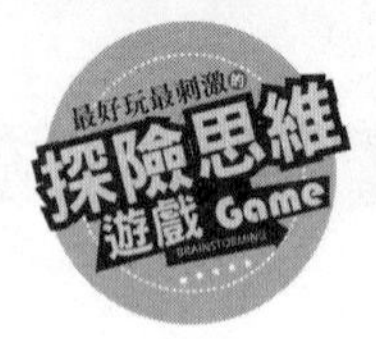

根據條件（1），毛、羅和瓦各比賽了兩場；因此，從條件（4）得知，他們每人在每一次聯賽中至少勝了一場比賽。根據條件（3）和（4），毛在去年聯賽中勝了兩場比賽；於是羅和瓦在去年聯賽中各勝了一場比賽。這樣，在去年聯賽中各場比賽的勝負情況如下：

毛勝麥；毛勝瓦（第四場）

羅勝安；羅負瓦（第三場）

根據條件（2）以及毛在今年聯賽中至少勝一場的事實，毛必定又打敗了瓦或者又打敗了麥。如果毛又打敗了瓦，則瓦必定又打敗了羅，這與條件（2）矛盾。所以毛不是又打敗了瓦，而是又打敗了麥。這樣，在今年聯賽中各場比賽的勝負情況如下：

毛勝麥（第一場）毛負瓦（第二場）

羅負安（第四場）羅勝瓦（第三場）

在今年聯賽中，只有安一場也沒有輸。因此，根據條件（4），安是今年聯賽的冠軍。各場比賽的順序如上面括弧內所示。

14. 游泳冠軍

小李是游泳冠軍。

四個人名次排列順序是：小李、小王、小張、小趙。

15. 野餐速成

（1）不妨把三片麵包片記為Ａ、Ｂ和Ｃ。

第一步，在烤箱中放入Ａ和Ｂ，烤３０秒。

第二步，把Ａ在烤箱中翻個面，用Ｃ替換Ｂ，烤３０秒。

第三步，把Ａ從烤箱中取出，把Ｃ在烤箱中翻個面，把Ｂ的未烤的一面朝下放入烤箱，烤３０秒。

這樣，一分半鐘烤完了三片麵包。

（2）麵包片烤法過程如下：

操作時間(秒)	操作過程
3 (累計3)	放入麵包片A
3 (累計6)	放入麵包片B
12 (累計18)	A已烤了15 秒 (B已烤了12秒)
3 (累計21)	取出A
3 (累計24)	放入C
12 (累計36)	B已完成烤製
3 (累計39)	取出B
3 (累計42)	放入A (未烤的一面朝下)
12 (累計54)	給 B 抹黃油 (C已烤好)
3 (累計57)	取出C
3 (累計60)	放入 B
12 (累計72)	給 C抹黃油 (A已烤好)
3(累計75)	取出 A
3 (累計78)	放入 C
12 (累計90)	給A抹黃油 (B已烤好)
3 (累計93)	取出B
3 (累計96)	放入A (未烤完的一面朝下)
12 (累計108)	C已烤完成
3 (累計111)	取出C (此時A已完成但尚留在烤箱內)

16. 現在的時間

甲報的時間是12點54分，其誤差是2、3、4或5分鐘。

甲的誤差不可能是2分鐘，因為如果是這樣的話，丙的誤差就至少是7分鐘；

甲的誤差也不可能是3分鐘，因為如果是這樣的話，丙的誤差就至少是6分鐘；所以甲的誤差是4或5分鐘，而且這種誤差只能是比標準時間慢，否則其餘每個人的誤差都會不少於7分鐘。

假設甲的誤差是慢 4 分鐘，這樣準確時間是12點58分，由此可知丙的誤差是快了5分鐘，其餘兩人的誤差分別是1和4分鐘，這樣就沒有人的誤差是2和3分鐘，這和題中的條件相悖。

這樣，只剩下一種可能性，即甲的誤差是慢5分鐘。這樣準確時間是12點59分，乙、丙和丁的誤差分別是2、4和3分鐘。

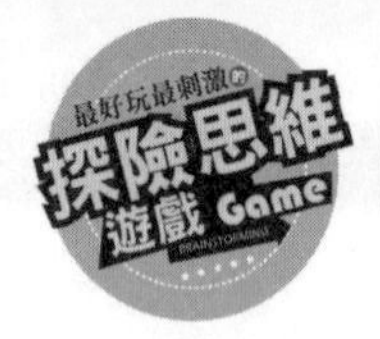

17. 猜順序

猜中兩對相鄰的名次，不是3個相連字母的相對位置被猜對，就是兩對字母名次的位置正確。

若是3個相連字母相對位置正確，就與DAECB中只有兩個字母位置正確相矛盾，所以只能是3個相連字母之外的兩個字母位置正確。

並且由於這3個字母相連，則位置正確的字母只能為D、A或D、B，但無論哪一種情況，剩下三個字母相連的位置確定不變，得到的結果均仍為DAECB，所以直接把這一情況排除在外。

那麼只能是兩對字母相鄰位置正確，因為一共有5個字母，那麼只能是2個字母的位置正確。所以在這兩對字母中絕對有一個字母位置正確，並且和它相鄰的字母本身位置也不會有問題，按條件與實際位置相比較，就可以推出以下幾種可能：DABEC，DACBE，DAEBC，ADECB，AEDCB，EDACB

若DACBE正確，則C為第3名，不符合「ABCDE，結果沒有猜對任何一個名次」；若DABEC為正確答案，則AB相鄰，不符合「ABCDE，結果也沒有猜對任何一對相鄰的名次」。

同樣，根據題目所述的要求，ADECB、AEDCB、DAEBC也不符合題目條件，被排除。

最後，只剩EDACB，驗證題中「ABCDE，結果沒有猜對任何一個名次，也沒有猜對任何一對相鄰的名次」和「DAECB，結果猜對了兩個名次，同時還猜中了兩對相鄰的名次」。得知EDACB為正確順序。

18. 老師們的比賽

E。

先從安娜的話開始考慮，如果張老師參加60公尺為真，則王老師參加100公尺為假。

這時，看小珍的話，小珍的前半句話為假，後半句為真，即王老師參加200公尺。這樣，李老師只能參加100公尺了。

這時再看關飛的話，兩句話都是假的，不符合「猜測都對了一半」。

因此，最初假設張老師參加60公尺是不成立的。

所以，張老師沒參加60公尺，王老師參加100公尺。

那麼，關飛和小珍的後半句都是假的，前半句都是真的。

因此，李老師參加了60公尺，張老師參加了200公尺。

19. 做遊戲

正確。

若安娜是謊言隊的，抽出的隊員是真理隊的，則，抽出的隊員說「安娜說他在講臺西邊」是真的，而安娜說的又是假話，推出抽出的隊員是在講臺東邊，為謊言隊的，假設不成立。

若安娜是真理隊的，抽出的隊員是真理隊的，他們都會說在西。若抽出的隊員是謊言隊的，他說「安娜說他在講臺西邊」是假話，則安娜說的是他在講臺東邊，安娜說的是真話，為真理隊的。

所以只要「說西」，安娜一定是講真話那一隊的。最後答案為：正確。

20. 運動人選

根據條件①，可假設三種方案，逐一推算。

a · A去B不去；

b · B去A不去；

c · A、B都去。

從方案a推算：由條件②④知，C、D不能去；

但條件⑤要求C、D兩人中去1人，說明此路不通。

從方案b推算：按條件④⑤⑥，D、E不去，這樣就不能滿足條件③的要求。

方案c是A、B都去。從條件④⑤得知，B去C也去，C去D不去；

從條件⑥知E也不去；從條件③可知，由於E不去，A去了，必定F也去。

所以應該讓A、B、C、F四人去。

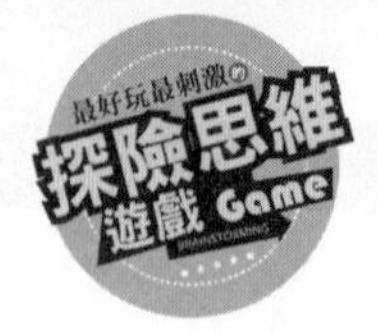

21. 缺席的人

四個人的四句話實際上分別是「大牛沒來」「大牛來了」「丹丹來了」「如果丹丹來了，則珊珊沒來」。其中，「大牛沒來」和「大牛來了」是互相矛盾的，這兩句話中必然有一句真話，一句假話。那麼，「丹丹來了」和「如果丹丹來了，則珊珊沒來」都是真話。因此，可以推出「珊珊沒來」。所以，珊珊沒有參加聯歡會。

22. 新來的老師

三位老師分別教三門課程，列出下表。用「V」表示教這門課程，用「X」表示沒有教這門課程。因為題目說「每名老師只教一門課」，所以每一橫行都應有1個「V」。

（一）根據提示（2）可知，李老師沒有教英語；根據提示（4）可知，胡老師沒有教數學。根據提示（3）和（4）可知，胡老師沒有教英語。得出下表：

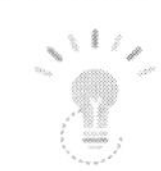

	語文	數學	英語
李老師	X	V	X
汪老師	X	X	V
胡老師	V	X	X

（二）根據提示（1），從上表中可以看出胡老師教語文，汪老師教英語，李老師教數學。

23. 是誰做了好事？

小白做了好事。

（1）假設好事是小虎做的，那麼小亮、小白兩人說了實話，與「只有一個人說了實話」相矛盾，所以此假設不成立；

（2）假設好事是小亮做的，那麼小虎、小白兩人說了實話，與題意不符，所以此假設不成立；

（3）假設好事是小白做的，那麼只有小亮說了實話，符合題意，所以此假設成立。

所以好事應該是小白做的。

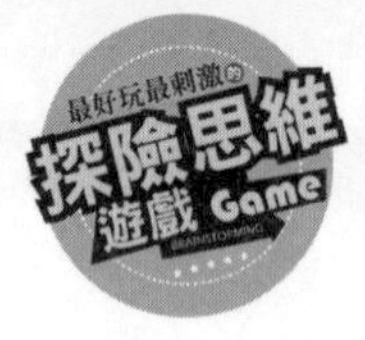

24. 象棋大賽

10名同學單循環賽，一共進行45場比賽，共90分。第一名與第二名都是一局沒有輸過，先考慮前兩名分數儘量多的情況，每人9場比賽：

第一名勝八平一：17分。

第二名勝七平二：16分。

前兩名的得分總和比第三名多20分，則第三名為13分。

此三人加起來共46分，還剩44分。

設第四名得X分，他又與最後四名的得分之和相等，則有2X＋第五名得分＋第六名得分＝44分，第五名得分<X，第六名得分<X，可得：

2X＋X＋X>44，由此，X>11。

由於第三名得13分，因此第四名只能得12分。

由此知道第五名與第六名加起來應該是44－12－12＝20分，因為他們倆分數不同，並且必須少於第四名的12分，因此第五名與第六名分別得11分和9分。

25. 世界捐血日的討論

A。

（1）假設王貝的話是假的，則安娜、小萍、丹丹的話是真的，所以林安娜是A型，王貝不是O型，小萍是AB型。由題目條件得知，安娜、王貝、小萍、丹丹四人的血型各不相同，可推出王貝或者是O型，或者是B型；王貝不是O型，故只能是B型。於是可推出丹丹是O型。選項A成立。

（2）假設小萍的話是假的，則安娜、王貝、丹丹的話是真的，可知安娜是A型，王貝是O型，小萍和丹丹都不是AB型。但從小萍和丹丹都不是AB型，卻推斷不出他們各自究竟是什麼血型，於是也就推斷不出四個人各是何種血型。B不成立。

（3）假設丹丹的話是假的，即丹丹是AB型，而小萍也是AB型，與題目條件矛盾，無法繼續往下推斷出四個人各是何種血型。選項C不成立。

（4）由於無論假設小萍還是丹丹的話是假的，均推斷不出四個人各是何種血型，故D不成立。

（5）由於假設王貝（或安娜）的話是假的，可以推出四個人各是何種血型，故E不成立。

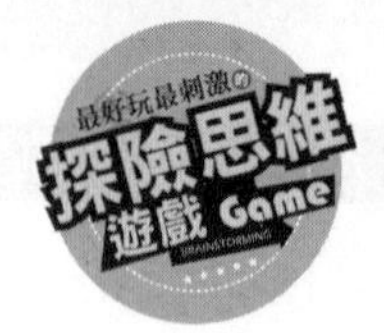

26. 與醫務人員的對話

由（1）可推出：護士≥9人，醫生≤7人；
結合（3）可推出：男護士≥5人，女護士≤4人；
結合（2）可推出：男醫生≥6人。

由醫生≤7人、男醫生≥6人以及「至少有一位女醫生」，可推出有6位男醫生，1位女醫生。

同時由（2）可推出，男護士≤5人，再結合前面已推出的男護士≥5人的結論，可以推出有5名男護士，有4名女護士。

若把一名男醫生排除在外，則與（2）矛盾；若把一名男護士排除在外，則與（3）矛盾；若把一名女醫生排除在外，則與（4）矛盾；若把一名女護士排除在外，則與任何一條都不矛盾。

因此，說話的人是一位女護士。

27. 雕塑課堂

安娜：胸像。珊珊：手像。小珍：頭像。宋書：半身像。美美：全身像。

如果安娜的發言是假的，安娜做的就是頭像或者手像，從她的發言來看，珊珊做的是頭像，那麼，安娜做的只能是手像。

但是，根據這樣的假設，其餘3人的發言就都是真實的，而宋書的發言又與安娜做的是手像相悖了。所以，安娜說的是真實的。

由於安娜做的是全身像、半身像或胸像，所以宋書的發言是真的。如果是做了頭像或者手像的人說「我做的不是胸像」，就成了應該撒謊的人說了真話，所以美美說的是真話。那麼，撒謊的兩個人就是珊珊和小珍。

從小珍的發言來看（假話）宋書做的是半身像。美美做的不是胸像，就是全身像了。剩下的安娜做的是胸像。從安娜的發言（真實）來看珊珊做了手像。所以可知，小珍做的是頭像。

所以，正確答案為：

安娜：胸像。珊珊：手像。小珍：頭像。宋書：半身像。美美：全身像。

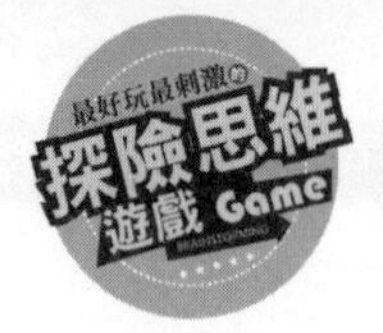

28. 一起做難題

假設丹丹做對了，那麼安娜、王貝都做錯了。這樣，安娜說的是正確的，王貝、丹丹都說錯了，符合條件，因此，丹丹做對了。

29. 神奇的化學反應

D。

根據題目條件，可知：

化學藥劑GOUPYII＋氯化鈉，渾濁

化學藥劑GOUPYII＋硝酸鉀，渾濁

化學藥劑GOUPYII＋苯，透明

化學藥劑GOUPYII＋一種透明溶液，透明

顯然可知，該透明溶液不含有氯化鈉（否則會變渾濁），也不含有硝酸鉀（否則也會變渾濁），而含有苯是有可能的。

30. 家庭住址

64。

（1）安娜說：「如果我知道第二位數是否是1，我就能知道你家的門牌號碼了。」她為什麼這麼肯定地說出這樣的話來？一定是因為對於前面一問（第三問）「它是個立方數嗎？」蘇睿的回答是「是立方數」。而13～1300之間的立方數只有8個，分別為：27、64、125、216、343、512、729、1000。

（2）對於第二問「它是個平方數嗎？」蘇睿的回答一定是「不是平方數」，且對於第一問「它小於500嗎？」蘇睿的答覆一定是「大於500」。所以安娜才敢說出第四問的話來。（她不知道，蘇睿會對她說假話）大於500，是立方數的只有三個：512、729、1000。

而729既是平方數又是立方數，被安娜排除。所以她又問第二位是不是「1」，無論是不是1，她都錯了。

由此得出，房子的號碼是：小於500；是平方數；是立方數。那麼，它就是64。

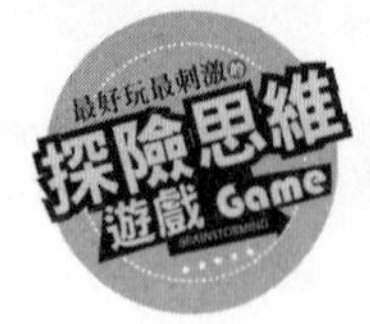

31. 吃麵包的女孩

蘇睿週一吃了3個巧克力麵包，1個奶油麵包；週二吃了1個巧克力麵包，4個奶油麵包；週三吃了4個巧克力麵包，2個奶油麵包；週四吃了2個巧克力麵包，5個奶油麵包。

32. 家中的客人

張叔叔是老師。

（1）假設李叔叔是老師，那麼李叔叔、張叔叔兩人都說了真話，與題意不符，此假設不成立；

（2）假設張叔叔是老師，那麼只有王叔叔說了真話，符合題意；

（3）假設王叔叔是老師，那麼李叔叔說了假話，張叔叔、王叔叔兩人都說了真話，不符合題意，此假設不成立。

因此張叔叔是老師。

33. 比成績

王貝的成績好。

假設安娜說的是實話，那麼王貝說的也是實話了，與題意不符；假設王貝說的是實話，那麼安娜說的也是實話了，與題意不符。因此兩個人都沒有說實話，把她們兩個人說的話反過來就會發現，王貝的成績好。

34. 週末逛街

酒吧。

根據（5）和（6）可以知道，酒吧和文具店在道路的同一邊，就會發現只有在1號店這一邊才有可能。而且，6號店也會在這一邊，可知6號店的位置一定是在1號店的左邊或右邊。而6號店的隔壁是酒吧，所以就知道1號店是酒吧了。

35. 裙子的顏色

新裙子是紅色的。

假設安娜的新裙子是黑色的，那麼三種看法都是正確的，不符合已知條件；假設安娜的新裙子是紅色的，前兩種看法是正確的，第三種看法是錯誤的；假設安娜的新裙子是藍色的，那麼三句話都是錯誤的。因此，安娜的新裙子是紅色的。

36. 奇怪的營業時間

星期一。

根據已知條件得知，餐廳在星期一、星期二、星期四、星期五和星期六開門營業，在星期日和星期三關門休息。而餐廳在第一個連續三天的第三天關門休息，因此，這連續的三天的第一天不是星期五就是星期一。

因為在整個星期中，不會出現餐廳、百貨商場和蛋糕店同一天開業的情況，所以蛋糕店只會在星期四和星期五關門休息，由於珊珊到達休閒城市

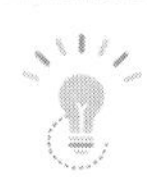

的那天蛋糕店還在開門營業，所以綜合上面論述，可以得出結論是星期一。

37. 郊遊

由於每個人都看不到自己戴的帽子，而已知條件顯示，戴紅帽子的人看到兩種顏色的帽子一樣多，說明紅帽子比黃帽子多一個，假設黃帽子有X個，那麼，紅帽子就有X＋1個。而在戴黃帽子的人看來，紅帽子比黃帽子多一倍。也就是說2（X－1）＝X＋1，解得X＝3。所以戴紅帽子的有4個人，戴黃帽子的有3個人。

38. 時間表

根據已知條件（2）（3），20分鐘學習英語，不是第三件事，也不是第四件事，也不是第五件事，所以只能是第一件或者第二件事。

假設學習英語是第二件事，從條件（3）來看，第三件事是學習地理，第四件事是寫作文，第五件事是做數學題。從條件（1）來看，如果學習數學是第五件事，那學習數學的時間至少是85分鐘，與題意不符，所以學習英語是第一件做的事情，學習地理是第二件做的事情。

因為做數學題不可能是第五件事情，所以寫作文是第三件事情，做數學題是第四件事情，剩下的學習歷史是第五件事情。

假設學習地理花費了40分鐘，那麼10：05做的事情應該是學習語文了，這與條件（1）矛盾，所以學習地理是30分鐘，那麼學習歷史就是40分鐘。

所以正確答案如下：

時間	做的事情
09：00～09：20	學習英語
09：20～09：50	學習地理
09：50～10：00	寫作文
10：00～10：50	做數學題
10：50～11：30	學習歷史

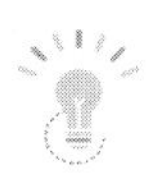

39. 點餐

根據（1）和（2），如果安娜要的是牛肉飯，那麼王貝要的就是咖哩飯，大牛要的也是咖哩飯。這種情況與（3）矛盾。因此，安娜要的只能是咖哩飯。於是，根據（2），大牛要的只能是牛肉飯。因此，只有王貝才能昨天要牛肉飯，今天要咖哩飯。

040. 巧排座位

首先要特別安排的是新西蘭人，因為這5個人中只有新西蘭人只會說英語，其他每個人除懂得本國語言以外還懂得一門外語，所以他必須坐在2個懂英語的人的中間。

因此他的兩邊必為中國人和英國人，有了這3個人的位置，其他兩人的位置就好確定了。

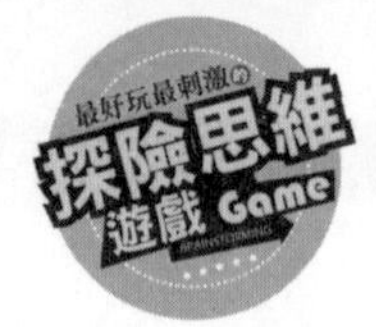

41. 銀行劫匪的模樣

根據題意，每位目擊證人都只是正確地描述了四個細節中的一個；而對於每個細節，至少有一位證人的描述是正確的。由於只有4個證人和4個細節，所以，對於每項細節都只有一個證人的描述是正確的。

（1）關於帽子，只有清潔員說「沒戴帽子」（其他人都說「戴了頂帽子」），所以劫匪一定沒戴帽子；

（2）關於穿衣，只有秘書說「穿了件雨衣」（其他人都說「穿了件背心」），所以劫匪必定穿了件雨衣；

（3）關於個子，清潔員關於「高個子」、秘書關於「中等個子」的描述是錯的，推出劫匪一定是矮個子，櫃員的描述是正確的；

（4）關於眼睛，保全的描述「他有一雙藍眼睛」是正確的。

所以，對這名劫匪的正確描述應該是：藍眼睛、矮個子、沒戴帽子、穿了件雨衣。

42. 街邊的鬥魚

從打鬥一開始，小魚就占據優勢，所以只可能是小魚獲勝。答案可以這樣得到：小魚3條一組分別對付3條大魚，另外4條小魚對付剩下的一條大魚。這4條小魚需要3分鐘解決第一條大魚。之後這4條小魚中的2條協助一組，另外2條協助另一組，殺死第二條大魚之後，分別由7條和6條小魚進攻剩下的兩條大魚，最後一條魚還會受到13條小魚一起發起的進攻，可以這樣算出時間。

43. 悠閒的午後

安娜躺在床上，王貝在看書，珊珊在寫信，小薇在玩手機。

提示：用列表法

	玩手機	寄信	躺在床上	看書
安娜	X		V	X
王貝	X		X	V
珊珊	X	V		X
小薇	V		X	X

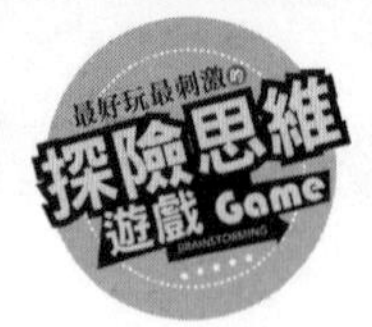

44. 無法進行的考試

考試不可能在星期五，因為它是可能舉行考試的最後一天，如果在星期四還沒有舉行考試的話，那你就能推出星期五要考。但老師說過，在當天早上八點之前不可能知道考試日期，因此在星期五考試是不可能的。但這樣一來星期四便成為可能舉行考試的最後日期。

然而考試也不可能在星期四。因為如果星期三沒有考試的話，我們就知道考試將在星期四或星期五舉行。但從前面的論述可知，星期五可以排除，這就意味著在星期三就已知道在星期四要進行考試，這是不可能的。

現在星期三便成為最後可能考試的日子。但星期三也要排除，因為如果你在星期二還沒有考試的話，便能斷定在星期三要考。如此，根據同樣的理由，整個星期的每一天都會被排除了。

45. 優秀學生評獎

由鄭小敏說的話可推出安娜必被評選上，因為如果安娜沒被選上，鄭小敏也就沒被評選上，與「只有一人沒被評選上」矛盾。

再由高陽和陳帆所說的話可知：如果高陽被評選上，則陳帆被選上，由陳帆被選上，推出鄭小敏被評選上。這樣四人全被選上，與「只有一人沒被評選上」矛盾。因此高陽沒有被評選為優秀學生。也即陳帆、鄭小敏、安娜均被評選上優秀學生。

46. 旅途中的陌生人

甲是收銀員，乙是工人，丙是商人，丁是大學生。

根據（2）（4），推出甲和乙不是大學生。

假設甲是商人，則根據（1）和（5）可推出，乙不是工人；根據（2）和（6）可推出，乙不是收銀員，故可推出乙是商人。與假設矛盾，所以此假設不成立。

同理，假設乙是商人，可逐步推出甲是商人，所以此假設不成立。

所以甲和乙不是大學生，也不是商人，他們中一個是收銀員，一個是工人；那麼，丙和丁一個是大學生，一個是商人。

根據（3）（7），假設丙是商人，乙是工人，那麼甲是收銀員，丁是大學生。經驗證，符合所有題目條件。（若丁是商人，則丙是大學生，而甲和乙的職業無法最終確定）

47. 穿錯衣服

	誰的上裝	誰的下裝
麗　麗	小　珍	自　己
珊　珊	自　己	安　娜
小　珍	安　娜	珊　珊
安　娜	麗　麗	小　珍

48. 教授的行程

週五。

首先,飯店週三停止營業,可以排除週三。其次,稅務所週六休息,當然也排除週六。

再次,科技館在週一、三、五開放；外科大夫每週二、五、六坐診，取兩者的交集為週五。週五正好不是飯店停止營業的時間,也不是稅務所休息的時間。

49. 共進午餐

從汪教授的左邊開始，依次是小珍、麗麗、安娜、珊珊。

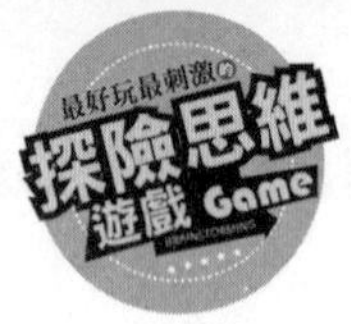

50. 漆上顏色的立方體

你能夠漆成：

1 塊全紅，

1 塊全藍，

1 塊 5 面紅 l 面藍，

1 塊 5 面藍 1 面紅，

2 塊 4 面紅 2 面藍，

2 塊 4 面藍 2 面紅，

2 塊 3 面紅 3 面藍。

即總共漆成 10 塊顏色不同的立方體。

第三章：解答

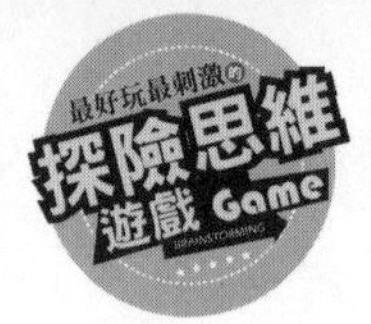

01. 奇怪的信

警官說：「你可以回去了。」聾子是聽不見的，所以迫切想要離開的罪犯聽到這裡，會忘記自己偽裝的身分，馬上暴露。

02. 久違的邀請

阿七有罪。前提，罪犯就在其中，一個人或多個人。假設龍哥參與了犯罪，因為罪犯是乘車逃走，所以必然有阿七或者白山開車，而白山不會在沒有阿七的情況下參與，所以阿七有罪。無論他人是否參與，阿七都是有罪的。

03. 加油站慘案

燈光很暗，站長怎麼會知道被害人死了，原因只有一個：欲蓋彌彰，他才是殺人兇手。

04. 騙錢集團

因為在黑夜裡，根本不可能迎著汽車前燈的燈光辨認出誰在開車，所以這顯然是一個圈套。

05. 自殺還是他殺

根據小孫的供詞的真假，判定曉青之死的性質；然後判定員警的哪個假定能夠適用。由於無論這兩個人的供詞是真是假，員警的兩個假定覆蓋了一切可能的情況，又由於兩個假定不能同時適用，所以只有一個假定是適用的。

假定（1）不能適用，因為如果這個假定適用，則小周的供詞就不是實話。所以只有假定（2）是適用的。既然假定（2）適用，那小周的供詞就不能是虛假的，所以只有小孫的供詞是虛假的。於是，曉青必定是死於謀殺。

06. 尋找真相

林先生殺了宋小姐。

判斷供詞（2）和（4）這兩條供詞都是實話，還是其中只有一條是實話，供詞（2）和（4）之中至少有一條是實話。如果供詞（2）和（4）都是實話，那就是何先生殺了宋小姐；這樣，根據1，供詞（5）和（6）的都是假話。

但如果何先生殺了宋小姐，供詞（5）和（6）就不可能都是假話。因此，何先生並沒有殺宋小姐。於是供詞（2）和（4）中只有一條是實話。根據2，供詞（1）、（3）和（5）中不可能只有一條是實話。而根據1，現在供詞（1）、（3）和（5）中至多只能有一條是實話。因此供詞（1）、（3）和（5）都是假話，只有供詞（6）是另外的一條真實供詞了。

由於供詞（6）是實話，所以確有一個工程師殺了宋小姐。還由於：根據前面的推理，何先生沒有殺害宋小姐；供詞（3）是假話，即徐先生不是工程師；供詞（1）是假話，即李先生是工程師。進而，供詞（4）是實話，供詞（2）是假話，而結論是：林先生殺害了宋小姐。

07. 案發時間

這是一個看起來複雜但其實很簡單的問題。作案時間是12：05，計算方法很容易，從最快的手錶（12：15）中減去最快的時間（10分鐘）就行了。或者將最慢的手錶（11：40）加上最慢的時間（25分鐘）也可以得出相同的答案。

08. 偷郵票的人

罪犯作案的時候都想要加快速度，縮短時間。在這起案件中，作案者完全可以打碎玻璃櫃，拿到郵票。而現在作案者卻費心地撬開櫃子。唯一的解釋就是他怕損壞玻璃櫃中的其他郵票，而有這種想法的，只會是郵票的主人。

09. 被狗咬傷

因為她的褲子沒破。

10. 無名屍之謎

鉛屬重金屬，有毒，對人體有害。重金屬無法正常代謝沉積在人體內或被骨骼吸收，骨骼就會變黑。所以死者很可能生前常在鉛多的環境中生活，導致鉛中毒。

11. 偽造的手印

陳朗看到，五個手指的指紋全部是正面緊貼牆壁印上去的，手掌的紋路也很清晰，這才產生了懷疑。因為當手掌貼在牆上時，拇指和其他四個手指不同，是側面貼著牆的，所以正常情況下，拇指的指紋不會全在牆上印出來。

12. 他在說謊

有經驗的野營者搭帳篷不會在大樹底下，若遇下雨的天氣易遭雷擊。所以帳篷不是「經常在野外進行地質考察的學者」搭的。

13. 音樂家家中的爆炸案

兇手趁音樂家出門時，偷偷潛入她家中，在火藥中摻入了氨溶液和碘的混合物。

氨溶液和碘混合放在火藥裡，在濕的狀態下是安全無害的，但乾燥後就很敏感，即使是高音量的震動也會引發爆炸。兇手是希望音樂家吹奏高音曲調時引發爆炸。

14. 最後的遺言

陳朗想到被害人一定是在仰面朝天時才看到轎車後面車牌號的。人在這種時刻容易忘記自己的視角已經顛倒，把本是8619的牌號誤認為是6198了。所以這個車牌號一定是8619。

15. 博物館的竊賊

因為其他人進來時雨傘是濕的，而竊賊的雨傘是乾的,證明他待在這裡一夜沒出去。

16. 時裝發表會的陰謀

兇手能在遠方準確無誤地射中死者的心臟，證明兇手事先在死者的心臟部位塗了螢光劑。唯一能在死者身上做手腳的人就是化妝師，所以兇手是化妝師。

17. 情侶的陷害

因為列車經過時，在車身周圍會形成一個低壓區，人只會被氣流吸向列車，不可能向後倒去。所以那位女士在撒謊。

18. 案發現場的疑點

包括以下疑點：

第一，從現場切水果的情況看來，死者是左撇子。左手操作電腦滑鼠的方式與右手相反，除了滑鼠放的位置在左邊外，其按鈕設置也與正常滑鼠不同。但是，安娜能夠習慣地操作死者的電腦滑鼠，證明死者不是左撇子，現場一定是偽造的。

第二，對門老人聽見的聲音很奇怪。為什麼會發出這樣的聲音呢？可以想像一下：晚上電梯關閉，死者走樓梯時，會跺腳來激發樓道燈的聲控開關，但是沒有成功，於是又重重地跺了兩下腳，發現聲控開關壞了，只好用手指觸摸開關來

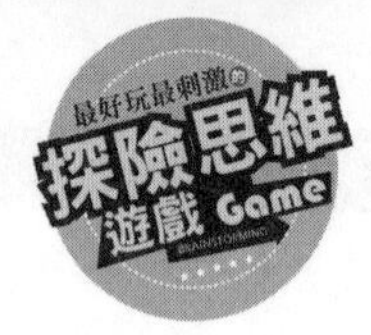

開燈，這時候發出「哎呀」一聲，很可能是手指被劃傷。

第三，兇手一定對死者的生活習慣和社區環境非常熟悉，死者住頂樓，除了老人之外是不會有人留意燈的開關的，而老人晚上都不出門，基本上也不會用到樓道燈。利用這一點，兇手破壞聲控開關，並將帶毒的刀片卡在開關上，就能造成死者中毒，並且不會誤傷其他的人，最後再將刀片取下來，清理血跡，並偽造現場。

19. 老闆娘之死

說謊的人是管理員偉叔。因為屍體經過24小時就會變硬，所以不可能把她的頭給抬起來。

20. 誰是罪犯

可以推斷出小李犯了盜竊罪。

如果小王是清白的，則根據第一條證據，小李和小張是有罪的。

如果小王是有罪的，因為他不會駕車，他必須有個幫兇，再次證實小李和小張有罪。

所以，第一種可能是小李和小張有罪，第二種可能是小張清白、小李有罪，第三種可能是小張有罪，又根據第二個證據，小李同樣有罪。結論就是無論怎樣推斷小李都犯了盜竊罪。

21. 公寓旁的兇殺案

3樓的業主是兇手，因為只有一個人說假話（兇手只有一人），所以5樓和6樓的供詞是相互支持的，而3樓是不可能看見腳的，畢竟人不可能有那麼長，身子在5樓腳在3樓。

22. 大學生之死

兇手是馬冠。首先，死者是學歷史的，中國十二生肖馬為第七位。古代男子「二十弱冠」。所以為馬冠。

其次，化學元素週期表上的72號元素是鉿(Hf)，可以分析出兇手是韓豐 (Han Feng)。但是，一個歷史系的學生沒有必要背72號元素,因此兇手應為化學系的馬冠。

23. 禍起蕭牆

兇手是母親。

由年齡最小者和死者是異性，可知死者不是年齡最小者。從犯比死者年齡大，可知從犯是父或母。年齡最大者和目擊者是異性，而父親年齡最大，因此目擊者是女性。從犯和目擊者是異性，故從犯是男性，因而是父親。

假設母親是被害者，那麼女兒就是目擊者，兒子是年齡最小者，但根據（6），兒子不是兇手，

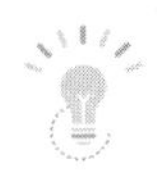

這當中就沒有兇手了，故不成立。以此類推，母親是兇手。

24哪一個是兇器？

兇器是匕首。

這4個選擇中只有一件是真正置人於死地的兇器，可以用排除法進行分析。首先，死者沒有被勒過的痕跡，又不是窒息而死，那麼繩子可以排除。死者沒有中毒，所以那瓶毒藥也可排除。由於「撞擊」的是致命之處，石頭的嫌疑最大，可是死者傷口上沒有泥土，因而也可排除石頭。

剩下的只有匕首，因為死者身上沒有刀傷，所以最後可以確定的是，兇手是用匕首的柄部撞擊死者致其死亡的。因此，匕首才是真正的兇器。

25. 職業特性

兇手在門外吵鬧，打架生事。記者因職業敏感，想看個究竟。於是從鎖孔向外觀看。此時兇手的毒針已等待著他。一針刺下，記者便中毒身亡。

26. 做偽證

目擊證人說他看到劫匪從戶外穿過逃生門進入大樓，這是不可能的。因為逃生門平常是鎖著的，只有在情況緊急時才能從裡面打開。因此員警斷定此人與本案有很大關係，在控制住這個人後，員警申請到搜查證，搜查了此人的汽車，找到了被搶走的錢包。

27. 偽造的遺書

如果仰面朝上用圓珠筆寫字，在信箋上寫不了幾行字，圓珠筆就無法出油了。因此可以判斷麗麗的伯父拿的是一份偽造的遺書。

28. 犯罪嫌疑人

因為白布和旗子一樣，沒有風是絕對不會飄起來的。人們當然也無法看清楚上面的字了。因此可以斷定丁雷在說謊。

TALENT tool

大大的享受拓展視野的好選擇

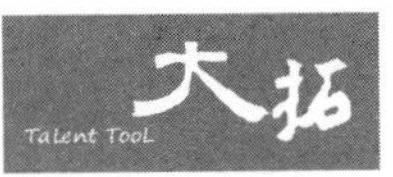

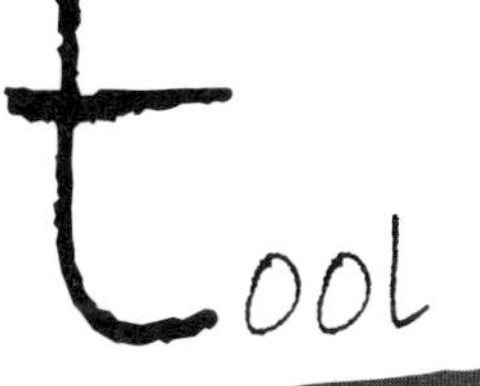

謝謝您購買 最好玩最刺激的探險思維遊戲 這本書！

即日起，詳細填寫本卡各欄，對折免貼郵票寄回，我們每月將抽出一百名回函讀者寄出精美禮物，並享有生日當月購書優惠！

想知道更多更即時的消息，歡迎加入“永續圖書粉絲團”

您也可以利用以下傳真或是掃描圖檔寄回本公司信箱，謝謝。

傳真電話：（02）8647-3660　　信箱：yungjiuh@ms45.hinet.net

☺ 姓名：　□男　□女　□單身　□已婚

☺ 生日：　□非會員　□已是會員

☺ E-Mail：　電話：（　）

☺ 地址：

☺ 學歷：□高中及以下　□專科或大學　□研究所以上　□其他

☺ 職業：□學生　□資訊　□製造　□行銷　□服務　□金融
□傳播　□公教　□軍警　□自由　□家管　□其他

☺ 您購買此書的原因：□書名　□作者　□內容　□封面　□其他

☺ 您購買此書地點：　金額：

☺ 建議改進：□內容　□封面　□版面設計　□其他

您的建議：

廣告回信
基隆郵局登記證
基隆廣字第 57 號

新北市汐止區大同路三段一九四號九樓之一

大拓文化事業有限公司收

請沿此虛線對折免貼郵票，以膠帶黏貼後寄回，謝謝！